Klaus Bartels, Niklaus Peter

Nikolaus-Predigten im Fraumünster

T V Z

Für grosszügigen Druckkostenzuschuss danken wir
– der STAB – Stiftung für Abendländische Ethik
  und Kultur
– der Stiftung Verband der stadtzürcherischen
  evangelisch-reformierten Kirchgemeinden
– dem Fraumünster-Verein

Der Theologische Verlag Zürich wird vom Bundesamt für
Kultur mit einem Strukturbeitrag für die Jahre 2016 – 2018
unterstützt.

Bibliografische Informationen der Deutschen
Nationalbibliothek
Die Deutsche Nationalbibliothek verzeichnet diese
Publikation in der Deutschen Nationalbibliografie;
detaillierte bibliografische Daten sind im Internet
über http://dnb.dnb.de abrufbar.

Illustrationen und Umschlaggestaltung:
Sebastian Büsching, Bremen
Layout: Anna Büsching, Zürich

Druck: Rosch-Buch GmbH, Scheßlitz

ISBN 978-3-290-17913-7
© 2017 Theologischer Verlag Zürich
www.tvz-verlag.ch

Klaus Bartels   Niklaus Peter

Nikolaus-Predigten im Fraumünster

Antike und biblische Texte im Dialog

Mit Zeichnungen von Sebastian Büsching

T V Z

Theologischer Verlag Zürich

Gewidmet
Ruedi Kurth,
dem langjährigen wunderbar engagierten und
humorvollen Präsidenten des Fraumünster-Vereins
zum Abschied am 2. April 2017

Der Präses der Bischofssynode fragte ihn, wie er heisse, und als er vor dem hohen geistlichen Herrn sein Haupt neigte und mit der ihm eigenen «taubenfrommen Sanftmütigkeit» erwiderte: «Ich bin Nikolaus, Eure Heiligkeit», begrüssten sie ihn allesamt freudig jubelnd als den neuen Bischof von Myra.

Klaus Bartels

Sankt Nikolaus: Ein Bischof mit Zivilcourage
Vortrag im Zunfthaus zur Waag,
Zürich, am 6. Dezember 2009

Nikoläuse, wohin man schaut: Im leuchtend roten Mantel mit weissem Pelzbesatz, die rote Zipfelmütze auf dem Kopf, den wallenden weissen Rauschebart vor dem Kinn, schwärmen sie in der Vorweihnachtszeit mit Sack und Rute, Esel und Schlitten in die festlich illuminierte Einkaufsmeile aus, lassen sie vor den Warenhausportalen und den Kinderparadiesen ihren Knecht Ruprecht die prächtigen Prospekte mit den originellsten Geschenkideen verteilen und verströmen überhaupt mit ihrer Allgegenwart konsumfreudige Weihnachtsseligkeit. Oder sie absolvieren ihren Auftritt als wenig überraschende Überraschungsgäste bei der alljährlichen Nikolausfeier im Männergesangsverein oder beim obligaten Firmen-Weihnachtsessen.

Aber am liebsten gehen sie doch, mit Tugendkatalog und Sündenregister aufs beste instruiert, zu den ängstlich-erwartungsfrohen Kindern, sagen selbst ihr Sprüchlein auf, wie weit her sie durch den tiefverschneiten Wald hergekommen sind und wie weit sie gleich, in ebendieser sternenklaren Nacht, noch weiter ziehen müssen, fragen die Kinder ihre Verslein ab und packen im Gehen den vollen Sack am falschen Zipfel, dass Äpfel und Lebkuchen, Nüsse und Spekulatius miteinander, durcheinander auf den Boden purzeln. Da ist keine und keiner von drei bis neunundneunzig Jahren, der angesichts eines solchen rotbemäntelten Burschen mit Sack und Rute nicht wüsste, wen er da vor sich hat; aber da ist doch kaum eine und kaum einer, der wirklich weiss, was für einen tollen Kerl ebendieser rotbemäntelte Bursche da wieder hinter sich hat, und «hinter sich», das heisst hier: ein-, zweitausend Meilen weit und gut anderthalb Jahrtausende weit hinter sich.

Der Mann, der da so warm eingepackt durch das nasskalte Dezemberwetter und allenfalls ein erstes Schneegestöber stapft, kommt eigentlich aus einer heissen Gegend, aus der südwestlichen Türkei. Wohl schon im späten 3. Jahrhundert – nach Christus, versteht sich – ist dieser Nikolaus in dem kleinen Küstenstädtchen Patara, halbwegs zwischen dem alten Halikarnass, dem heutigen Tourismuszentrum Bodrum, und dem alten Attáleia, dem anderen Tourismuszentrum Antalya, geboren worden; in der nahe benachbarten Hafenstadt Myra, dem heute türkisch benannten Kale, ist er wohl noch in Konstantinischer Zeit, im frühen 4. Jahrhundert,

Bischof geworden und ebenda, solange er lebte, Bischof geblieben.

Die letzten Christenverfolgungen, unter Kaiser Diokletian, seit dem Jahre 303, lagen damals erst wenige Jahrzehnte zurück; seit dem epochemachenden Sieg Kaiser Konstantins an der Milvischen Brücke vor den Mauern Roms im Jahre 312 und dem daraufhin erlassenen sogenannten Toleranzedikt von Mailand aus dem Jahre 313 genossen die christlichen Gemeinden nicht nur die schonsame «Toleranz», sondern weit darüberhinaus die tatkräftige Förderung des Kaiserhauses. In der Hauptstadt und auch sonst im Reich hatte Konstantin eine Reihe fünfschiffiger, reich ausgeschmückter Basiliken gestiftet, als erste sogleich nach seinem Sieg die Lateranbasilika in Rom, und es ist nicht überliefert, dass damals irgendjemand lauthals gegen die Errichtung dieser so prächtigen wie riesigen christlichen Basiliken und die drohende schleichende Unterwanderung der römischen Leitkultur protestiert hätte. Freilich war es noch immer eine Zeit des Übergangs: Man konnte ja nicht wissen, ob diese plötzliche, für die christlichen Gemeinden glückliche Wendung der Dinge Bestand haben werde.

Die Heiligenlegende unseres Nikolaus berichtet schon von seinen ersten Lebenstagen und seinen frühen Jugendjahren höchst Ungewöhnliches. Da lesen wir gleich am Anfang: «Nikolaus stammte aus der Stadt Patara, aus einem reichen und frommen Elternhaus. Sein Vater hiess Epiphanes, seine Mutter Johanna. ... Bereits an seinem ersten Lebenstage stand er, als er gebadet wurde, aufrecht auf den Beinen in der Badewanne...» Da spielt der

griechische Heraklesmythos in die christliche Nikolauslegende herein, die schöne Geschichte von Herakliskos,
Klein-Herakles, die wir in Theokrits «Idyllen» lesen: wie
da mitten in der Nacht im Palast von Theben lautes Ge-
schrei aus dem Kinderzimmer, wo die Zwillinge schlafen,
erst Alkmene und dann Amphitryon aus dem Schlaf auf-
schreckt und wie dann, als die Mama den Papa schickt
und der nach dem Rechten sieht, der kleine Herakliskos
aufrecht in seinem Kinderbettchen steht und triumphie-
rend links und rechts in seinen Säuglingsfäustchen zwei
frisch erwürgte Schlangen schwenkt…

In der Nikolauslegende geht es darauf fort: «Auch
saugte er am Mittwoch und am Freitag – den frühchrist-
lichen Fastentagen – jeweils nur ein einziges Mal an
der Mutterbrust. Als er herangewachsen war, mied er
die Ausschweifungen seiner Altersgenossen; stattdessen wetzte er lieber die Kirchenschwellen ab…» Ein Er-
denbürger, der schon an seinem ersten Lebenstag, bei
seinem ersten Bad, aufrechte Haltung demonstriert und
ganz unbildlich ein kräftiges, aufrechtes Rückgrat zeigt,
ein Säugling, der schon in der ersten Woche seines Lebens an den alten Fastentagen unbeirrbar, unbestechlich
die Mutterbrust verweigert: So wundersam fängt dieses
Leben an, oder sagen wir eher: So wundersam lässt die
Legende es beginnen.

Die Legende: In der zweiten Hälfte des 13. Jahrhunderts hat der Dominikaner Jacobus de Voragine, aus
Genua gebürtig und in seinen letzten Lebensjahren
Erzbischof von Genua, eine reiche Fülle alter Heiligenlegenden aus vielerlei Quellen gesammelt und in einem

Werk vereinigt; er hat damals für diese Legenden geleistet, was später die Gebrüder Grimm für unsere Märchen geleistet haben. Den lateinischen Titel der Sammlung «Legenda aurea», eigentlich ein Neutrum Plural, «Lesenswertes Goldenes», verstehen wir seit längster Zeit als ein Femininum Singular und sprechen daher von der «Legenda aurea», der «Goldenen Legende», und in der Folge überhaupt von einer «Legende» und wieder im Plural von «Legenden» – bis hin zu den allerjüngsten Pop- und Sport-«Legenden», die man nicht mehr lesen, sondern nur noch hören, sehen und bewundern kann. Für die Nikolauslegende, eine der ersten seiner Sammlung, beruft Jacobus de Voragine sich auf alte – durchweg verlorene – griechische und lateinische Quellen. An diese Nikolauslegende aus dem «Goldenen Legendenbuch» des Jacobus de Voragine aus dem späteren 13. Jahrhundert halten wir uns hier und im Folgenden: Sie ist unsere einzige Quelle; wir haben nichts anderes, wir haben nichts Besseres. Aber wir werden sehen: es ist eine klar sprudelnde, eindringlich und einprägsam sprechende Quelle, zumal wenn wir die allgemeinen, in vielen Heiligenlegenden begegnenden Einzelzüge beiseite lassen und uns an das hier Charakteristische halten.

Gleich im ersten Kapitel finden wir da die schaurigschöne Geschichte von den drei unvermählten armen Nachbarstöchtern und den drei Goldklumpen, die seither zur bekanntesten Nikolauslegende, zu einer Art Parade-Legende dieses Heiligen geworden ist: Sie hat ihm sein geläufigstes Erkennungszeichen in der Kunst beschert, die drei goldenen Kugeln auf dem Evangelien-

buch, und sie hat ihn in jüngerer Zeit zu einem gutmüti-
gen Freund der Kinder und zu einem heimlichen, nächtlichen Gabenbringer werden lassen. Da wird der junge
Nikolaus buchstäblich zum «Sponsor», zum «Gelober»
und «Verlober» dreier armer Nachbarstöchter. Vorweg
muss hier daran erinnert sein, dass in jener alten Zeit
zur Verheiratung – und damit zur sozialen Versorgung –
einer Tochter eine werbende klingende Mitgift fast noch
dringender nötig war als ein werbender liebender Bräutigam. Jacobus von Voragine erzählt:

«Als seine Eltern gestorben waren, begann Nikolaus
sich Gedanken zu machen, wie er die so grosse Fülle
des ererbten Reichtums nicht zum Ruhme seiner selbst,
sondern zum Ruhme Gottes einsetzen könne. Zu der Zeit
sah sich einer seiner Nachbarn, ein durchaus vornehmer
Mann, von seiner Armut genötigt, seine drei noch unvermählten Töchter der Prostitution preiszugeben, um
mit ihrem schändlichen Anschaffen die Familie zu er-
nähren. Als der Heilige das erfuhr, schauderte ihn vor
dem Frevel. In der folgenden Nacht warf er heimlich einen Klumpen Gold, eingewickelt in ein Tuch, durch das
Fenster in das Haus des Nachbarn – das heisst: durch die
offenen Fensterhöhlen, damals gab es noch keine Fens-
terscheiben – und schlich sich heimlich wieder davon.
Als der Mann am nächsten Morgen aufstand, fand er den
Klumpen Gold, sagte Gott Lob und Dank und feierte sogleich die Hochzeit seiner Erstgeborenen.

Nicht lange Zeit danach vollbrachte der Diener Gottes eine zweite solche Tat. Als der Nachbar auch diesen
Klumpen wieder fand, brach er in ein überschwängliches

Lob Gottes aus und nahm sich vor, die nächsten Nächte durchzuwachen: Er wollte doch wissen, wer das war, der da seiner Armut aufgeholfen hatte. Ein paar Tage darauf warf Nikolaus ihm einen dritten, doppelt so grossen Klumpen Gold ins Haus. Bei dem Aufschlag schreckte der Nachbar auf, verfolgte den Fliehenden und rief ihn mit diesem Vers an: ‹Hemme den eilenden Schritt und entzieh dich nicht meinen Blicken!›, und wie er ihn einholte, erkannte er, dass es sein Nachbar Nikolaus war. Augenblicklich warf er sich vor ihm zu Boden und wollte seine Füsse küssen; aber der wies alle Dankesbekundungen zurück und forderte ihm nur das Versprechen ab, seinen Namen, so lange er lebe, ja niemandem preiszugeben.»

Was für eine Verfolgungsjagd! Vorneweg dieser junge Nikolaus in der komischen Rolle des auf frischer Tat ertappten Hit-and-Run-Wohltäters, der doch verständlicherweise nicht will, dass sich seine mitternächtliche Nachbarschaftshilfe in der Stadt herumspricht, mit der Folge, dass dann im ganzen Quartier ringsherum die Fensterläden über Nacht offen stehen bleiben; hinterdrein der Nachbar, der seinem unverhofften Märchenglück doch noch auf die Spur kommen will und den eilends davonlaufenden Goldklumpenwerfer in seinem heiligen Schrecken mit einem Klassikerzitat – «Hemme den eilenden Schritt und entzieh dich nicht meinen Blicken!», lateinisch: «*Siste gradum teque aspectui ne subtrahas meo!*» – zu bannen sucht.

Der bannende, in der Aufregung dieser tollen Jagd nicht ganz korrekt zitierte Vers stammt aus der Vergilischen «Aeneis»; der in die Unterwelt hinabgestiegene Aeneas ruft ihn dem sich entziehenden Schatten der unglücklich liebenden Königin Dido nach, im lateinischen Original: «*Siste gradum teque aspectu ne subtrahe nostro!*» Unser Gewährsmann Jacobus de Voragine nimmt keine Rücksicht darauf, dass man im kleinasiatischen Patara damals natürlich nicht lateinisch, sondern griechisch sprach und in dem gegebenen Fall natürlich nicht den römischen Klassiker Vergil, sondern den griechischen Klassiker Homer zitiert hätte. Aber er setzt doch voraus, dass jeder einigermassen Gebildete in der klassischen Antike wie im hohen Mittelalter seine Schulautoren jederzeit abrufbar im Kopfe hatte, und wir ziehen daraus die Moral: Eine ordentliche klassische Bildung ist ein Schatz für alle Lebenslagen; man weiss ja nie, wann und wo und in welchem besonderen Glücksfall man so ein lateinisches Zitat noch einmal brauchen kann!

Sein späteres Bischofsamt und sein zweites Erkennungszeichen, den gekrümmten Bischofsstab, verdankte dieser Nikolaus freilich nicht derlei grossherzigen Sponsorschaften, sondern den fleissigen Kirchgängen, mit denen er schon in frühester Jugend die Kirchenschwellen seiner Vaterstadt «abgewetzt» hatte. Der alte Bischof der Nachbarstadt Myra, vielleicht der erste nach jenem Toleranzedikt Konstantins des Grossen aus dem Jahr 313, war gestorben, und die ringsherum amtierenden Amtsbrüder waren in der Stadt zusammengekommen, um die Nachfolge zu regeln. Da habe der Präsident dieser hochansehnlichen Bischofsversammlung, so berichtet die Legende, am Abend des Tages eine Stimme vernommen:

Nachfolgen solle der Mann, wer immer es sei, der am nächsten Morgen als erster in die Kirche komme und obendrein noch den Namen Nikolaus trage. Der Hinweis von ganz oben galt – wir ahnen es – unserem fleissigen Kirchgänger. Der ehrwürdige Präses der Bischofssynode verbrachte die Nacht vor dem Kirchenportal im Freien, die übrigen Bischöfe legten sich ringsum hinter Säulen und Pfeilern versteckt auf die Lauer und harrten der Nikoläuse, die da kommen sollten.

Und dann kam der erste, und es war der Rechte! Unversehens fand sich der Nichtsahnende, als er am nächsten Tag wie jeden Tag im ersten Morgengrauen über den Kirchplatz herankam und in die Kirche eintreten wollte, auf der abgewetzten Kirchenschwelle von dem Präses angehalten und sogleich von den aus allen Ecken aus ihren Verstecken heranstürmenden Bischöfen umringt. Der Präses der Bischofssynode fragte ihn, wie er heisse, und als er vor dem hohen geistlichen Herrn sein Haupt neigte und mit der ihm eigenen «taubenfrommen Sanftmütigkeit» erwiderte: «Ich bin Nikolaus, Eure Heiligkeit», begrüssten sie ihn allesamt freudig jubelnd als den neuen Bischof von Myra. «Und damit geleiteten sie ihn in die Kirche», so schliesst diese Legende von seiner Bischofswahl, «und setzten ihn, so sehr er sich mit Händen und Füssen dagegen sträuben mochte, auf den Bischofsstuhl.»

In seinem Bischofsamt in dem kleinen Küsten- und Hafenstädtchen Myra erwies sich dieser Nikolaus als ein so selbstsicherer wie demütiger, so streitbarer wie fürsorglicher Hirte. Als einmal eine schlimme Hungersnot in seinem Bistum grassierte, hörte er, dass eine Anzahl Schiffe voll Getreide auf der Fahrt in die Hauptstadt Konstantinopel im Hafen von Myra angelegt hätten. Sogleich appellierte er an die Kapitäne der Flotte, von der Getreidefracht doch wenigstens hundert Scheffel je Schiff für die Hungernden auszuladen und dazulassen: Sie brauchten nicht zu fürchten, versicherte er ihnen, dass bei ihrer Ankunft in der Hauptstadt auch nur ein einziger Scheffel an der vollen Ladung fehle und sie dort deswegen zur Rechenschaft gezogen würden. Nikolaus erhielt das Getreide, verteilte es, wie es da heisst, «je nach der Bedürftigkeit eines jeden» und behielt umsichtig und vorsorglich einen guten Teil davon unverteilt als Saatgut für das nächste Jahr zurück. Als die Flotte im Hafen der Hauptstadt anlegte und die Kapitäne ihre Ladung löschten, konnten sie eine wunderbare Getreidevermehrung um genau jene hundert Scheffel je Schiff, keinen Scheffel mehr und keinen Scheffel weniger, vermerken. Auf diesen Bischof Nikolaus und seine genau bemessenen, ganz unauffälligen, eben gerade nicht Bewunderung heischenden Wundertaten war Verlass.

Heiligenlegenden berichten ja vielfach von allerlei eindrucksvollen Wundertaten. Aber in dieser Nikolauslegende sind die Wunder gerade nicht das Eindrucksvollste und jedenfalls nicht das Charakteristische. Diese Erzählung von der Beschaffung und Verteilung des Getreides und schliesslich dieser wunderbaren Vermehrung der Schiffsfrachten zeugt in ihrem ersten Teil ja von durchaus menschlichen politischen Fähigkeiten, von Verantwortungsgefühl und Durchsetzungsvermögen, und erst in ihrer Schlusspointe von heiliger Wunderkraft. Das ist charakteristisch für diese Heiligen- und Nothelfergestalt; bei diesem Nikolaus kommen die Wundertaten jeweils nur eben so weit ins Spiel, wie sie wirklich nötig werden.

Diese Legende hat dem Heiligen Nikolaus in der christlichen Kunst nach den drei Goldklumpen und dem gekrümmten Bischofsstab ein drittes Attribut beschert. Vielleicht zuerst durch eine Fehldeutung des Heiligenbildes mit den drei Goldkugeln, vielleicht sogleich mit Bezug auf die Legende von der Hungersnot und ihrer Linderung sind diese drei goldenen Kugeln hie und da zu drei goldgelben Broten geworden, und es kann nicht verwundern, dass daraufhin die Bäckerzunft den Heiligen mit den drei goldgelb gebackenen Broten auf dem Evangelienbuch in seiner Hand zu ihrem Schutzheiligen erkoren hat.

Eine andere Nikolauslegende – für mich die schönste von allen – erzählt von einer höchst merkwürdigen Rettung aus schwerer Seenot vor der Küste des Bistums von Myra: Da sei der Bischof den verzagten Seeleuten, die von seinem vielfältigen wunderbaren Wirken gehört hatten und ihn verzweifelt zu Hilfe riefen, plötzlich wie selbstverständlich in leibhaftiger Gestalt auf dem Schiff erschienen, und als sie über seine Erscheinung erschraken und vor ihm zurückwichen, habe er sich darüber verwundert und ihnen zugerufen: «Also da bin ich jetzt: Ihr habt mich doch eben selbst zu Hilfe gerufen!» Dann sei er mit irrwitziger Geschwindigkeit in der Takelage hinauf und herunter und wieder hinauf und herunter, hinüber und herüber und wieder hinüber und herüber geklettert und habe nach allen Regeln der Kunst die vielerlei Segel im Wechsel gerefft und gesetzt und wieder gerefft und gesetzt, bis alle vier losgelassenen Winde vor seinen bischöflichen Segelkünsten kapitulierten, und mit dem Ende des Seesturms sei dieser wunderliche Klabautermann so plötzlich, wie er vorher erschienen war, wieder verschwunden gewesen.

Diese verzweifelten Seeleute hatten ja gewiss erwartet, dass der wundertätige Bischof diesem fürchterlichen Seesturm so recht auf Wundertäter-Art, mit einem einzigen gebieterischen Machtwort oder einer einzigen herrscherlichen Geste, Paroli gebiete: dass er kraft seiner bischöflichen Wundergewalt die Winde augenblicklich verstummen, die Wellen augenblicklich sich legen lassen werde. Aber das ist eben gerade nicht die Art dieses Nikolaus: Er lässt die tosenden Winde ruhig weiter tosen, lässt die rasenden Wellen ruhig weiter rasen; er kommt selbst an Bord des von Sturmböen und Wogen hin und her geworfenen Schiffes und leistet seine Hilfe in der Not nicht als ein göttlicher, machtvoll über alle vier Winde gebietender Wundertäter, sondern vielmehr als ein mit allen Wassern gewaschener Hochseesegler. Er zeigt diesen Seeleuten, wenn wir die Legende recht verstehen, dass es vielleicht ja auch einfacher und ohne den Beizug eines Bischofs gegangen wäre – wenn sie nur, statt verzweifelt an seine heiligen Wunderkräfte zu appellieren, selbst nach Kräften das Menschenmögliche versucht und sich beherzt gegen Wind und Wetter zur Wehr gesetzt hätten. Handfestes Zupacken und göttliche

Erscheinung gehen bei diesem alten Bischof Nikolaus wunderlich in eins.

Um dieser tatkräftigen Rettungsaktion willen ist der Heilige Nikolaus später auch noch zum besonderen Schutzheiligen der Seefahrenden geworden, und die christliche Kunst hat ihm dafür nach dem Bischofsstab, den drei goldenen Kugeln und den drei goldgelben Broten noch ein viertes Heiligenattribut, einen Rettungsanker, verliehen.

Die dramatischste, für uns heute frappierendste dieser Nikolaus-Geschichten aber ist die Zwillingslegende von den drei unschuldig auf den Richtplatz geführten Soldaten und den drei willkürlich in den Kerker geworfenen Feldherrn. Sie hat dem alten Bischof kein handwerkliches Zunftmandat und kein handwerkliches Zunftzeichen eingetragen, und wohl darum ist sie in der verbreiteten Reclam-Edition der «Goldenen Legende» des Jacobus de Voragine kurzerhand gestrichen. Das ist schade, denn gerade in dieser Zwillingslegende bewährt sich der Bischof von Myra gleich zweimal nacheinander als ein unerschrockener, unbeirrbarer Schutzpatron der schuldlos Angeklagten und Verurteilten. In der ersten der beiden Legenden zeigt er wiederum keinerlei heilige Wunderkräfte und Wundertaten, vielmehr ganz und gar menschliche bischöfliche Qualitäten: zuerst diplomatisches Raffinement, und dann unerschrockene Zivilcourage. Da lesen wir das Folgende:

«Ein Volksstamm im Osten des Reiches hatte sich gegen die römische Herrschaft erhoben, und der Kaiser hatte seine drei Feldherrn Nepotianus, Ursus und Apilio gegen die Aufrührer ausgeschickt. Als deren Flotte von widrigen Winden im Hafen von Myra viele Wochen hindurch festgehalten wurde, lud Nikolaus die drei Feldherrn ein, mit ihm zu speisen; er wollte erreichen, dass sie ihr Kriegsvolk von den wüsten Raubzügen abhielten, auf denen sie weiterum die Wochenmärkte seines Bistums leerräumten – versteht sich: ohne zu bezahlen. Während der Bischof durch das Essen mit den drei Feldherrn abgelenkt war, befahl der römische Statthalter, mit Geld dazu bestochen, drei unschuldige Soldaten zu enthaupten.

Als der heilige Mann davon erfuhr, forderte er die drei Feldherrn auf, ihn in aller Eile dorthin zu begleiten, und als er an den Richtplatz kam, wo die drei enthauptet werden sollten, fand er sie, wie sie bereits mit gebeugtem Knie und verhülltem Haupt den Tod erwarteten und der Liktor bereits sein Schwert über ihren Köpfen durch die Luft schwang. Aber da warf sich Nikolaus in heiligem Zorn dazwischen, stürzte sich unerschrocken auf den Henker, riss ihm das Schwert aus der Hand und schleuderte es weit fort, löste den Unschuldigen die Fesseln und führte sie unversehrt mit sich davon.

Darauf eilte er unverzüglich zur Residenz des Statthalters und brach die verschlossene Tür mit Gewalt auf. Da kam der Statthalter auf ihn zu und machte Anstalt, ihn zu begrüssen. Die Begrüssung nicht beachtend, rief der Heilige: ‹Du übler Feind Gottes, du Verächter des Rechts, mit welcher Unverfrorenheit hast du es gewagt, im Bewusstsein eines so abscheulichen Verbrechens mir ins Auge zu blicken?› Nachdem Nikolaus dem Statthalter derart die strengsten Vorhaltungen gemacht hatte, gewährte er ihm auf die Bitten der drei Feldherrn, und nachdem der Mann auch selbst Reue bekundete, schliesslich doch christliche Vergebung.»

Diese hochdramatische, in drei Szenen – an der Tafel des Bischofs Nikolaus, auf dem Richtplatz draussen, in der Residenz des Statthalters – gegliederte Legende hat eine nicht minder dramatische Fortsetzung. Ihr zweiter Teil spielt nicht mehr in der Bischofsstadt Myra, sondern in der Hauptstadt des Reiches, und wenn diese Fortsetzung nun doch noch von allerlei Wunderbarem, von unheimlichen Traumgesichten und fürchterlichen Traumbotschaften, noch dazu gleichzeitigen Traumerscheinungen bei zwei verschiedenen Träumern berichtet, so liegt das zu einem Teil wohl auch an dem damals noch wenig entwickelten Stand der Telekommunikation: Damals konnte der Bischof von Myra noch nicht einfach zum Telefon greifen und den römischen Kaiser und seinen Präfekten in einer Konferenzschaltung Mores lehren. Solch ein heiliges, heilendes Donnerwetter über tausend Meilen hinweg war in jenem 4. Jahrhundert ohne eine Wunder-Schaltung, sozusagen eine Wunder-Skype-Schaltung, nicht zu machen.

Und hier nun der Legende zweiter Teil: «Nachdem die drei kaiserlichen Feldherrn noch den Segen des Bischofs erhalten hatten, setzten sie ihre Fahrt in den Osten des Reiches fort, unterdrückten den Aufruhr der Feinde ohne Blutvergiessen und wurden bei ihrer Rückkehr in die Hauptstadt vom Kaiser mit allen Ehren empfangen. Einige Hofleute jedoch, die den dreien den Erfolg missgönnten, brachten den Präfekten des Kaisers mit Beredung und Bestechung dazu, sie beim Kaiser wegen Majestätsverletzung anzuklagen, und als der Präfekt dem Kaiser das unterbreitete, gab der zornerfüllt Befehl, die drei sogleich in den Kerker zu werfen und ohne jede Anhörung noch in derselben Nacht hinzurichten. Als die das von ihrem Wächter hörten, zerrissen sie ihre Kleider und begannen bitter zu klagen. Da erinnerte sich Nepotianus, dass der heilige Nikolaus damals in Myra doch drei Unschuldige befreit hatte, und forderte die anderen beiden Feldherrn auf, diesen Nikolaus als ihren Schutzherrn anzurufen.

Auf ihre Gebete hin erschien der heilige Nikolaus noch in derselben Nacht dem Kaiser Konstantin im Traum und sprach: ‹Warum hast du diese Feldherrn so wider alles Recht in den Kerker geworfen und ohne jede Schuld zum Tode verurteilt? Erhebe dich eilends und gib Befehl, sie unverzüglich freizulassen! Tust du das nicht, so bitte ich Gott, er möge gegen dich einen Krieg entfesseln, in dem du stürzen und den wilden Tieren zum Frasse werden sollst!› Der Kaiser fragte: ‹Wer bist du, dass du mitten in der Nacht in meinen Palast eindringst und es wagst, solche Reden zu führen?› Nikolaus erwiderte bescheiden: ‹Ich bin Nikolaus, der Bischof von Myra.›

In gleicher Weise versetzte Nikolaus auch den Präfekten durch ein solches Traumgesicht in Schrecken und sprach: ‹Du von aller Vernunft und allen Sinnen Verlassener, warum hast du in die Ermordung dreier Unschuldiger eingewilligt? Mache dich eilends auf und setze alles daran, sie freizulassen! Tust du das nicht, so wird dein Leichnam bald von Würmern wimmeln und wird dein ganzes Haus zugrunde gehen!› Der Präfekt fragte: ‹Wer bist du, dass du mir derlei Schrecknisse androhst?› ‹Du sollst wissen›, erwiderte Nikolaus, ‹dass ich Nikolaus bin, der Bischof von Myra.›

Als die beiden aus dem Schlaf erwachten, eröffneten sie sogleich einer dem anderen ihre Träume und liessen unverzüglich die Eingekerkerten herbeiholen. Der Kaiser fragte sie: ‹Auf welcherlei Zauberkünste versteht ihr euch, dass ihr uns mit solchen Traumgesichten heimsucht?› Die drei Feldherrn erwiderten ihm, sie seien keine Zauberkünstler und hätten auch das Todesurteil nicht verdient. Darauf fragte der Kaiser: ‹Kennt ihr einen Mann mit Namen Nikolaus?› Als sie diesen Namen hörten, erhoben die drei ihre Hände zum Himmel und baten Gott, er möge sie um der Verdienste des heiligen Nikolaus willen aus der gegenwärtigen Gefahr befreien. Als der Kaiser darauf das ganze Leben des Bischofs und alle seine früheren Wundertaten von ihnen gehört hatte, sprach er zu ihnen: ‹So geht denn, geht noch einmal nach Myra und sagt Gott Dank, der euch auf Bitten dieses Nikolaus hin befreit hat! Aber nehmt diesem Bischof doch auch von unseren kaiserlichen Kleinodien einiges mit und bittet ihn, er möge mich künftighin mit solchen Drohungen verschonen und stattdessen lieber für mich und mein Reich zu Gott beten!›»

Auch das ist wieder eine hochdramatische und bei aller Einfachheit im Einzelnen doch hochraffiniert gestaltete Erzählung: Zweimal zunächst ein unheimlich starker Auftritt: «Dein Reich wird stürzen, und du wirst den wilden Tieren zum Frasse werden…», «Dein Leichnam wird von Würmern wimmeln, und dein ganzes Haus wird zugrunde gehen»; zweimal darauf die bescheidenste Selbstvorstellung: «Ich bin Nikolaus, der Bischof von Myra»; und zum Schluss ein Happy End: Die drei Feldherrn berichten dem Kaiser von der Errettung der drei Soldaten in Myra, und der Kaiser entsendet die drei sogleich noch einmal in die Bischofsstadt, und nun in diplomatischer Mission: «… und nehmt doch auch von unseren kaiserlichen Kleinodien einiges mit und bittet ihn, er möge mich künftighin mit solchen Drohungen verschonen und stattdessen lieber für mich und mein Reich zu Gott beten!»

Die drei Nachbarstöchter ohne Mitgift, das hungernde Volk in Myra, die Seeleute im Seesturm, die drei Soldaten auf dem Richtplatz, die drei Feldherrn im Gefängnis: Ungerufen und gerufen, *vocatus atque non vocatus*, zur rechten Zeit, am rechten Ort stellt dieser Nikolaus sich ein, wo immer etwas Himmelschreiendes zum Himmel schreit. In diesem Nikolaus haben alle schuldlos Bedrängten und Verfolgten und alle ihre Anwälte und Fürsprecher ihren heimlichen Schutzpatron. Ach, möchte man da heute wünschen, hätte das Rote Kreuz oder Amnesty International oder der Sicherheitsrat der Vereinten Nationen oder die Internationale Atom-Energie-Behörde doch auch einen so fürchterlich wider alles Unrecht dreinfahrenden, weltweit allgegenwärtigen Traumbotschafter!

Die hohe pädagogische Wissenschaft, Abteilung Bildungsforschung, Unterabteilung Persönlichkeitsbildung, hat einem solchen hellwachen sozialen und politischen Engagement und einer solchen kräftig dreinfahrenden, zupackenden Zivilcourage jüngst auch einen ernstzunehmenden wissenschaftlichen Namen verliehen. Der schwergewichtige, achtsilbige, natürlich aus lauter lateinischen Modulen zusammengesetzte Terminus technicus lautet «Interventionskompetenz», und nun wissen wir endlich, welche herrliche Kostbarkeit uns aus diesen Legenden entgegenleuchtet: eine unverwechselbar nikoläusische «Interventionskompetenz».

Die Lebenszeit des Bischofs Nikolaus fällt in das späte 3. Jahrhundert und die erste Hälfte des 4. Jahrhunderts, sein Bischofsamt wohl in die zwanziger und dreissiger Jahre des 4. Jahrhunderts. Vielleicht ein Jahrfünft, vielleicht ein Jahrzehnt nach dem epochemachenden Sieg Kaiser Konstantins an der Milvischen Brücke vor den Toren Roms im Jahre 312 und dem Toleranzedikt von Mailand im Jahre 313 mag Nikolaus sein Bischofsamt angetreten haben; wie es heisst, hat er im Jahre 325 am 1. Ökumenischen Konzil von Nicaea teilgenommen.

Die «Goldene Legende» schreibt dem Bischof ein erfülltes Leben und einen friedlichen Tod zu und datiert sein Lebensende – wir wissen nicht, ob aufs Jahr verlässlich – auf das Jahr 343. Wir lesen da weiter, der heilige Nikolaus sei in einem marmornen Grab bestattet worden, und zu Häupten seines Grabes sei bald darauf ein fort und fort strömender heilkräftiger Ölquell, zu seinen Füssen ein wohl nicht minder heilkräftiger Wasserquell entsprungen; heutzutage muss man wohl anmerken, dass bei einem solchen Ölquellwunder an klarstes, reinstes Olivenöl und duftendes kultisches Salböl und nicht etwa an schwarzes, trübes, zähes Erdöl zu denken ist...

Von diesem Ölquellwunder hat die Bischofsstadt Myra nach dem Tod des Bischofs und bald des Heiligen Nikolaus noch sieben Jahrhunderte lang einen üppigen Zins bezogen, bis die Stadt dann im 11. Jahrhundert den Türken anheimfiel. Der heilige Nikolaus wurde zum populärsten Heiligen der östlichen Kirche; Myra wurde durch ihn zu einem der meistbesuchten Wallfahrtsorte der byzantinischen Welt, und wer wäre denn aus diesem Myra wieder heimgefahren, ohne vorsorglich ein, zwei, drei Fläschchen aus dem unerschöpflich sprudelnden nikoläusischen Ölquell heimzutragen? Wenn wir hier auch wirklich nicht an ein Erdölwunder denken dürfen – so gewinnträchtig wie heutzutage eine Erdölquelle ist diese Salbölquelle damals ganz gewiss gewesen.

Nachdem Byzanz im Jahre 1071 ganz Kleinasien an die Türken verloren hatte, überführten italienische Kaufleute, so heisst es, die Gebeine des heiligen Nikolaus im Jahre 1087 aus Myra nach Süditalien, in die apulische Hafenstadt Bari, wo sie seither in der eigens dazu errichteten Kirche S. Nicola ruhen. Vielleicht waren es wirklich ehrbare italienische Kaufleute, denen daran gelegen war, die Gebeine des Heiligen aus dem Herrschaftsgebiet der Ungläubigen in den christlichen Westen zu retten; vielleicht waren es aber auch weniger ehrbare Piraten, die auf einen erklecklichen Erlös aus dem Verkauf dieser wundertätigen Reliquien spekulierten und dabei gewiss auch auf ihre Rechnung kamen. Alle einzelnen Umstände dieser Überführung bleiben für uns im Dunkeln; in jedem Fall war es wohl ein Grabraub bei Nacht und Nebel.

Die Legende hält fest, die Gebeine des Heiligen hätten in ihrem Sarkophag «in Öl geschwommen»; und selbstverständlich ist mit ihnen auch das einträgliche Ölquellwunder aus der alten in die neue Grabstätte übergeführt worden. In Myra hiess es später, die Grabräuber hätten in der Eile und im Dunkeln in dem aufgebrochenen Sarkophag eine Anzahl kleinerer Knöchelchen übersehen und zurückgelassen. Diese ein, zwei Dutzend Relikte der Reliquien sind heute im Museum von Antalya zu sehen, in einem kleinen, säuberlich mit Samt ausgeschlagenen Köfferchen, in dem jedes winzige Knöchelchen sein besonderes formgerecht vertieftes Plätzchen hat, und auch da zeugen ein paar leere Plätzchen im Samt von der unwiderstehlichen Anziehungs- und Verführungskraft dieser nikoläusischen Reliquien.

Von Bari strahlte der ursprünglich vor allem im Osten verbreitete Nikolauskult bald mächtig in das nördliche Europa aus, zumal über die Klosterschulen, wo der Nothelfer der Seefahrenden in Seesturm und Seenot nun konsequenterweise zum Nothelfer der Klosterschüler in Examensstürmen und Examensnöten wurde. Und wieder konsequenterweise müsste dieser Nikolaus heute zum Nothelfer der Schüler und Lehrer, der Studenten und Dozenten, der Kultus- und der Wissenschaftsminister – neuerdings auch beiderlei Geschlechts, *utriusque generis* – in den Stürmen und Nöten der Schul- und Bologna-Reformen mit ihren Bachelor- und Master-

Graden und der PISA-Leistungsvergleiche mit ihren schiefen Punkte-Skalen werden.

In der Schweiz ist Freiburg im Üchtland seit der Stadtgründung durch die Zähringer im 12. Jahrhundert zu einem Zentrum des Nikolauskultes geworden. Die Kathedrale aus dem späteren 12. Jahrhundert ist St. Nikolaus geweiht, und jeweils am Samstag vor dem Nikolaustag gibt es dort eine festliche Nikolaus-Prozession. Vor einigen Jahren hat der Heilige dort zu einer ökumenischen Freundschaftsbekundung der römischen Kirche gegenüber der östlichen Kirche beigetragen. Eine Nikolaus-Reliquie, die grösste ausserhalb des Heiligengrabs in Bari, war im Jahre 1420 von Rom in die Zisterzienser-Abtei Hauterive bei Freiburg und dann im Jahre 1506 durch Papst Julius II. weiter in die Schatzkammer der Freiburger Kathedrale gekommen. Fünfhundert Jahre später, im Jahre 2006, ist ein Stück dieser Reliquie unter den gehörigen liturgischen Riten dem Metropoliten von Minsk übergeben und in die Kathedrale von Minsk in Weissrussland übergeführt worden.

Auf einer vielfach gewundenen Geisterbahn, wo hüben und drüben mancherlei gute und böse, lichte und dunkle heidnische Gewalten und Gestalten hereinspuken, ist aus dem Heiligen der Legende zu guter Letzt der liebenswerte Sankt Nikolaus geworden, der am 6. Dezember die Kinder beschenkt, und nebenbei leider auch der eine oder andere Marketingwolf im Nikolauspelz, wie zum Beispiel der rotbemäntelte, weissbebärtete Pseudo-Nikolaus, der da vor der Drehtür des Drogerie-Markts jedem, der will oder sich doch nicht wehrt, seine Duftmarke auf den Handrücken sprüht, die weibliche aus der Rechten, die männliche aus der Linken, oder wie der gleicherweise rotbemäntelte, weissbebärtete Kollege, der da vor dem Fitness- und Wellness-Center hoch auf seinem Eselskarren vorweihnachtliche Fitness ausstrahlt und den Knecht Ruprecht zu seinen Füssen die Flyers und Hand-outs für nachweihnachtliche Diäten unters Volk bringen lässt. Dieser zweite Nikolaus könnte uns immerhin daran erinnern, wie sein Namensstifter schon an seinem ersten Lebenstage top-fit aufrecht in der Badewanne stand.

Wer heute in das alte Myra oder türkisch Kale kommt, findet da zwischen einem «St. Nikolaus-Restaurant» und einer «Noël-Baba-Café-Bar», einer «St. Nikolaus-Disco-Bar» und einem «Nicolas-Music-Hall & Bazaar», allesamt recht heruntergekommenen, ganz und gar nicht nikolauswürdigen Etablissements, noch die mächtig aufragenden Mauern und Bögen der spätantiken «St. Nikolas Kilisesi», der «St. Nikolaus-Kirche», wo der Kustode dem Besucher einen vorn aufgebrochenen Sarkophag als den des alten Bischofs Nikolaus präsentiert. Wer weiss, ob es der richtige ist ... Da mag einer vor der alten Kirchenschwelle, auch wenn er nicht gerade Niklaus oder Niklas, stärker zusammengezogen Klaus oder Clausdieter oder weiblich Nicole heisst, noch leicht ins Sinnieren kommen. Ist das noch dieselbe Schwelle, die der junge Nikolaus damals, vor mehr als anderthalb Jahrtausenden, so fleissig abgewetzt hatte und auf der er dann so fröhlich als der neue Bischof von Myra begrüsst worden ist? Ist es noch dieselbe Schwelle, über die seine drei Nachbarstöchter zu ihrer Hochzeit, die aus dem Seesturm geretteten Seeleute, die drei vor der Hinrichtung bewahrten Soldaten und die drei aus dem Kerker befreiten Feldherrn zu ihren Dankgebeten hier eingetreten sind? Abgewetzt genug, die allmorgendlichen Kirchenbesuche des jungen Nikolaus und seither noch ein Alter von sechzehn Jahrhunderten für sich in Anspruch zu nehmen, scheint sie allemal.

Ihnen allen wünsche ich jetzt ein ganz spezielles Nikolauswunder, von dem die alte Legende sich noch nicht hat träumen lassen: dass Sie aus jedem Nikolaus, der Ihnen jetzt gleich auf dem Münsterplatz oder in der Bahnhofstrasse über den Weg läuft, den so fürsorglich und so grosszügig engagierten, so unerschrocken und so tatkräftig zupackenden alten Bischof von Myra herausschauen sehen!

Ein paar Tage darauf warf Nikolaus ihm einen dritten, doppelt
so grossen Klumpen Gold ins Haus. Bei dem Aufschlag
schreckte der Nachbar auf, verfolgte den Fliehenden und rief
ihn mit diesem Vers an: «Hemme den eilenden Schritt und
entzieh dich nicht meinen Blicken!» ...

«Wer ist mein Nächster?»

Sonntag, 6. Dezember, Nikolaustag 2009

Da stand ein Schriftgelehrter auf und fragte, weil er Jesus prüfen wollte: Lehrer, was muss ich tun, um Anteil am ewigen Leben zu gewinnen? Er sagte zu ihm: Was steht im Gesetz geschrieben? Was liest du da? Der antwortete: Du sollst den Herrn, deinen Gott, lieben mit deinem ganzen Herzen und mit deiner ganzen Seele und mit all deiner Kraft und mit deinem ganzen Verstand, und deinen Nächsten wie dich selbst. Er sagte zu ihm: Richtig; tu das, und du wirst leben. Der aber wollte sich rechtfertigen und sagte zu Jesus: Und wer ist mein Nächster? Jesus gab ihm zur Antwort: Ein Mensch ging von Jerusalem nach Jericho hinab und fiel unter die Räuber. Die zogen ihn aus, schlugen ihn nieder, machten sich davon und liessen ihn halb tot liegen. Zufällig kam ein Priester denselben Weg herab, sah ihn und ging vorüber. Auch ein Levit, der an den Ort kam, sah ihn und ging vorüber. Ein Samaritaner aber, der unterwegs war, kam vorbei, sah ihn und fühlte Mitleid. Und er ging zu ihm hin, goss Öl und Wein auf seine Wunden und verband sie ihm. Dann hob er ihn auf sein Reittier und brachte ihn in ein Wirtshaus und sorgte für ihn. Am andern Morgen zog er zwei Denare hervor und gab sie dem Wirt und sagte: Sorge für ihn! Und was du darüber hinaus aufwendest, werde ich dir erstatten, wenn ich wieder vorbeikomme. Wer von diesen dreien, meinst du, ist dem, der unter die Räuber fiel, der Nächste geworden? Der sagte: Derjenige, der ihm Barmherzigkeit erwiesen hat. Da sagte Jesus zu ihm: Geh auch du und handle ebenso.　　　　　　　　　　　Lukas 10,25–37

Klaus Bartels

Wohl zwanzig Jahre, bevor der Evangelist Lukas die Geschichte vom barmherzigen Samaritaner niederschreibt, kommt der römische Philosoph Seneca in einem seiner Altersbriefe vom rechten Umgang mit dem Göttern auf den rechten Umgang mit den Menschen zu sprechen: «Welche Ziele setzen wir uns? Welche Gebote stellen wir auf? Etwa, dass wir keines Menschen Blut vergiessen? Wie jämmerlich wenig ist es, den nicht zu verletzen, dem wir doch beistehen sollten! Werden wir fordern, dass ein Mensch dem Schiffbrüchigen die Hand entgegenstreckt, dem Irregehenden den Weg zeigt, mit dem Hungernden sein Brot teilt? Wozu soll ich all das, was da zu tun oder zu lassen sei, einzeln aufzählen, da ich ihm doch kurz diese knappe Formel der Menschenpflicht an die Hand geben kann: All das, was du um dich her siehst, ist eines: Wir sind Glieder eines grossen Körpers. Die Natur hat uns als Verwandte hervorgebracht, da sie uns aus demselben Ursprung und zu demselben Leben geboren hat. Sie hat uns wechselseitige Liebe zueinander eingegeben und uns zu gemeinschaftsfähigen Wesen gemacht. Sie hat, was Recht und rechtens ist, festgesetzt: Ihrer Satzung gemäss ist es erbärmlicher, einen anderen zu verletzen, als selbst eine Verletzung hinzunehmen. Ihrem Gebot gemäss seien unsere Hände bereit für die Hilfebedürftigen. Jener vielzitierte Vers sei uns so im Herzen wie auf den Lippen: ‹Ich bin ein Mensch; nichts Menschliches achte ich mir fremd – *Homo sum, humani nil a me alienum puto.*›»

Lukas und Seneca, Evangelium und Philosophie: zwei sehr verschiedene Nikolaustags-Lesungen. Und doch: Jenes alt- und neutestamentliche «Du sollst deinen Nächsten lieben wie dich selbst» und dieser geflügelte Vers «Ich bin ein Mensch; nichts Menschliches achte ich mir fremd» zeugen von einem verwandten Geist der Liebe zum Nächsten und der Verantwortung für den Nächsten.

Der vielzitierte Vers stammt aus einer ursprünglich Menandrischen, dann Terenzischen Komödie. Da plackt sich ein neu zugezogener, offenkundig vermögender Mann Tag für Tag mit schwerer Gartenarbeit ab. Das deutet in der Antike nicht etwa auf Liebe zu allem, was da grünt und blüht, sondern auf eine schwere Seelenkrise, und tatsächlich: Die Komödie heisst nach diesem Mann «Der Sich-selbst-Strafende»; sein allzu streng gehaltener Sohn ist ihm davongelaufen und in fremde Söldnerdienste getreten, und der Vater leidet schwer darunter. Ein Nachbar hat die elende Plackerei eine Zeitlang mit Besorgnis angesehen; schliesslich spricht er den Mann über den Zaun hinweg an: Warum er sich Tag für Tag so abmühe? Er habe das doch gewiss nicht nötig… Der andere reagiert verletzt und verletzend: «Hast du denn mit deinen eigenen Dingen so wenig zu tun, dass du dich um fremde Dinge kümmern kannst – um Dinge, die dich doch gar nichts angehen?» Doch der Ausfall verfängt nicht; der Nachbar pariert den Hieb mit jenem vielzitierten «Ich bin ein Mensch; nichts Menschliches – nichts, das Menschen betrifft – achte ich mir fremd.»

Was ist unser «Eigen», was ist uns «fremd»? Der eine zieht die Grenze zwischen Eigen und Fremd fein säuberlich den Gartenzaun entlang; der andere zählt unter Menschen alles irgendwie «Menschliche» doch allemal zum «Eigenen». Wir stehen da an einer heiklen, uns allen vertrauten Grenzscheide zwischen mitmenschlicher Teilnahme und aufdringlichem Sich-Einmischen oder, anders herum, zwischen taktvoller Zurückhaltung und gleichgültigem Wegschauen.

«Wer ist mein Nächster?» hatte in der Lesung aus dem Lukas-Evangelium der Schriftgelehrte Jesus gefragt, und die Antwort war überraschend ausgefallen: Nicht der Priester, nicht der Levit, sondern der Fremde, der Samaritaner, ist da zum Nächsten geworden. Hier, in dieser Szene am Gartenzaun, ist es der Nachbar, der ein waches Auge hat für die seelische Verstörung dieses «Sich-selbst-Strafenden» und ihn teilnehmend und besorgt darauf anspricht.

Mit dem Siegeszug Alexanders des Grossen quer durch das Perserreich, dieser ersten wahrhaften Globalisierung, hatte sich der Kreis der Nächsten für die Griechen jener Zeit mächtig bis ins Fernste ausgeweitet. Aristoteles notiert damals in seiner «Nikomachischen Ethik»: «Gerade wenn es einen in die Fremde verschlagen hat, kann er leicht erfahren, wie nah vertraut jeder

Mensch jedem Menschen ist und wie sehr ein Freund.»
Und etwas später ruft Epikur, der Philosoph der Lebens-
freude und der Menschenliebe, überschwänglich aus:
«Die Freundschaft tanzt ihren frohen Reigen durch alle
Länder, alle Völker, und lädt uns alle ein, doch endlich
aufzuwachen zum Lobpreis des Lebens.»

Auf den Schwingen dieser Freundschaft ist unser Ko-
mödienvers «Ich bin ein Mensch; nichts Menschliches
achte ich mir fremd» zum geflügelten Wort geworden.
Der Kirchenvater Augustin bezeugt, «ganze Theater»
hätten diesem Vers auf offener Szene Beifall geklatscht.
So «natürlich» sei es, dass «kein Mensch sich nicht als
den Nächsten jedes beliebigen anderen Menschen» verstehe. Wenn heute freiheitliche Stimmen irgendwo in der
Welt gegen Unterdrückung, Folter und Vergewaltigung
irgendwo in der Welt protestieren, so steht dieser Protest unter dem Zeichen jenes alten Wortes «Ich bin ein
Mensch; nichts Menschliches achte ich mir fremd», und
für weltweit engagierte Hilfsorganisationen vom Roten
Kreuz bis zu Amnesty International wäre dieses Wort
ein trefflicher Leitspruch.

Auf halbem Weg zwischen Menander und Augustin
spiegelt Cicero uns das globale Nächsten-Verständnis der
Philosophenschule der Stoiker zu. Da heisst es: «... dass
ein Mensch einem Menschen allein schon aus dem Grun-
de, dass er ein Mensch ist, nicht als ein Fremder gelten
dürfe», und die Darlegung gipfelt in dem erstaunlichen
Satz, der die Verantwortung für unsere Nächsten nicht
nur über alle politischen und kulturellen Grenzen, sondern auch über alle Generationengrenzen hinweg in die

Zukunft erstreckt. Da lesen wir: «Und da ja der berüchtigte Spruch derer als unmenschlich und verbrecherisch gilt, die sagen, sie hätten nichts dagegen, wenn nach ihrem Tode über alle Länder der Weltbrand hereinbreche, so trifft gewiss umgekehrt die Verpflichtung zu, dass wir auch für die Generationen, die in Zukunft einmal leben werden, Vorsorge treffen müssen.» Das ist eine Grussbotschaft der Schule von Athen an die Weltklimakonferenzen von heute. Damals tat eine solche Vorsorge für künftige Nächsten-Generationen ja kaum not. Heute, in dieser Zeit ständig neuer Prometheischer Feuerdiebstähle, ist die hier angemahnte Vorsorge für alle künftigen Generationen zu einem brandaktuellen Thema geworden.

Ein Jahrhundert nach Cicero hat Seneca die uns allen gemeinsame *condicio humana* auf eine fünfgliedrige Formel gebracht: «Wir werden aus dem gleichen Samen geboren, haben den gleichen Himmel über uns, atmen gleicherweise, leben gleicherweise, sterben gleicherweise.» Das verbindet. Als ich vor einem halben Jahrhundert als frischpromovierter Doktor der Philosophie, als frischakzeptierter Bräutigam meiner Unica Optima und als frischregistrierter sogenannter «Jahresaufenthalter» aus meinem Tübinger Migrationshintergrund nach Kilchberg am Zürichsee kam, überreichte mir eine freundliche Gemeindeangestellte die fremdenpolizeiliche Aufenthaltserlaubnis mit dem ernsten Hinweis: «Ihr Aufenthalt hier ist befristet!» Da konnte ich's nicht lassen, ihr geradeso ernst ins Auge zu schauen und zu erwidern: «Unser aller Aufenthalt hier ist befristet!» Bei dem alljährlichen Wiedersehen haben wir uns dann jeweils miteinander gefreut, dass unsere ungeschriebenen Aufenthaltserlaubnisse ohne Fristvermerk wieder einmal stillschweigend verlängert worden waren.

In dem Text der Lesung hat Seneca dem griechischen Vers «Ich bin ein Mensch; nichts Menschliches achte ich mir fremd» noch ein römisches Bild folgen lassen, das unsere menschliche Gemeinschaft im Bild eines steinernen Rundbogens vor Augen stellt. «Unsere menschliche Gemeinschaft», sagt er da, «gleicht vollkommen einem steinernen Gewölbe, das augenblicklich einstürzen müsste, wenn sich die einzelnen Blöcke nicht wechselseitig davor bewahrten – und das eben darin seinen Zusammenhalt findet.» Ein solcher Bogen wölbt sich auch über jenem unglücklichen Opfer an der Strasse nach Jericho und dem barmherzigen Samaritaner, der dort zu seinem Nächsten wird; ein solcher steinerner und geistiger Bogen wölbt sich auch hier im Fraumünster vielfach über uns. Das Bild ist so unvergesslich einprägsam, weil es so überraschend paradox ist: Je stärker die einzelnen Blöcke zum Fallen, zum Stürzen neigen, desto fester hält das ganze Gewölbe zusammen. Gerade in der Hinfälligkeit, im Wortsinn: der «Hinfälligkeit» jedes Einzelnen finden wir unseren stützenden Zusammenhalt.

Die Zitate: «Welche Ziele setzen wir uns ...»: Seneca, Briefe an Lucilius 95, 51ff. – «Ich bin ein Mensch ...»: Terenz, Der Sich-selbst-Strafende (Heautontimorumenos) 53ff., der geflügelte Vers: 77 – «Gerade wenn es einen in die Fremde verschlagen hat ...»: Aristoteles, Nikomachische Ethik 8, 1. 1155 a 21f. – «Die Freundschaft tanzt ihren frohen

Reigen ...»: Epikur, Vatikanische Spruchsammlung 52 – Der Beifall auf offener Szene: Augustin, Briefe 155, 14 – Das globale Nächsten-Verständnis der Stoiker: Cicero, Vom höchsten Gut und vom grössten Übel (De finibus bonorum et malorum) 3, 63f. – «Wir werden aus dem gleichen Samen geboren ...»: Seneca, Briefe an Lucilius 47, 10 – «Unsere Gemeinschaft gleicht einem Gewölbe ...»: Seneca, Briefe an Lucilius 95, 53

Niklaus Peter

Liebe Gemeinde

Unser Gleichnis vom Samaritaner beginnt mit einer theologischen Debatte. Ein Schriftgelehrter will Jesus auf den Zahn fühlen und stellt ihm eine präzise Frage: Was muss ich tun, um Anteil am ewigen Leben zu bekommen? Für moderne oder vielleicht postmoderne Ohren eine seltsame Frage. Mir aber gefällt sie, denn sie fragt etwas Wichtiges: Welche Art von Leben hat Bestand vor Gottes Ewigkeit? Was bewahrt mein Leben vor der Nichtigkeit? Was kann ich in die Ewigkeit mitnehmen? Es würde uns gut tun, wenn wir uns selbst ab und zu diese Frage stellten. So also beginnt diese Debatte ...

Der Schriftgelehrte hat als Antwort womöglich ein kleines theologisch-ethisches Exposé erwartet. Aber Jesus gibt die Frage ganz schlicht zurück und fragt: Was sagt die Bibel in dieser Frage? Und korrekterweise antwortet der Theologe nun mit zwei Kernsätzen aus den

Büchern Mose – dem zweiten Satz des *Schema Jisrael*, wo es um die Gottesliebe geht (Dtn 6,5), und einem Satz aus Leviticus (Lev 19,18), wo es um die Menschenliebe geht: Liebe deinen Nächsten wie dich selbst! Er scheint ein guter Theologe zu sein mit Blick fürs Wesentliche: Gottes- und Menschenliebe gehören untrennbar zusammen. Und damit könnte die Debatte schon ihr Ende gefunden haben, denn Jesus sagt nun ganz lakonisch: «Richtig; tu das, und du wirst leben.»

Eine Bestätigung also dieser knappsten, klarsten Formulierung echter Religion – die Vertikale, der Gottesglaube und die Gottesliebe, müssen mit der Horizontalen, der Achtung und Liebe für Mitmenschen verbunden sein – wer so lebt, hat ein Leben, das vor der Ewigkeit Bestand hat. It is as simple as this.

Vielleicht aber ist es doch nicht so einfach und simpel! Und so hakt der Schriftgelehrte nach und fragt: «Wer ist mein Nächster?» Liebt er einfach Distinktionen, oder spürt er, dass es wirklich nicht so einfach ist? Schwer zu sagen. Aber jetzt ist Jesus am Zug – und anstelle von Distinktionen erzählt er ein Gleichnis zum Thema Nächstenliebe, und dieses hat es in sich. Denn wenn wir meinen: das kennen wir nun fast schon *zu* gut, das Gleichnis vom barmherzigen Samariter, so gilt es nun korrekt und genau zu lesen: Nicht Samariter, sondern Samaritaner – und was der Unterschied ist, das werden wir noch sehen.

Da fällt in dieser Gleichnisgeschichte also ein namenloser Mensch unter die Wegelagerer und Räuber, er wird zusammengeschlagen, liegt verwundet und ausgeraubt am Boden. Und nun kommt ausgerechnet dort ein Priester aus Jerusalem vorbei, er sieht den am Boden Liegenden zwar, aber er geht vorbei. Wir wissen nicht, was seine Gründe sind – aber wir alle können sie aus Selbsterlebtem beisteuern: Absolut wichtige Termine und unter Zeitdruck, oder: Was geht mich das an?, vielleicht auch: Ist der am Boden liegende womöglich eine Falle, verstecken sind dahinter wieder Räuber? (nicht unvernünftige Ängste also). Er geht jedenfalls vorbei. Danach kommt ein Levit, auch er ein religiöser Würdenträger, wenn auch von geringerem Status, auch er sieht den Verwundeten, auch er hat's eilig, auch er vermutlich mit besten Gründen.

Dann aber kommt dieser Samaritaner – und eben kein Samariter. Denn Samariter sind diese sympathisch-netten Leute, die einen Samariterkurs besucht, einen Erste-Hilfe-Ausweis in der Brustasche und ein Köfferchen voll Verbandsmaterial mit dabei haben. Samaritaner jedoch – das waren Leute, welche man mied, welche mit den Juden damals im Streit waren. Seit der frühen Abspaltung der Leute von Samaria von den Juden waren diese Samaritaner verhasst und verachtet – sie galten als Heiden, obwohl sie doch auch die Torah hielten. Die beste Aktualisierung, welche das Spannungsvolle, den Pfeffer dieses Gleichnisses zu Bewusstsein bringen, wäre vielleicht diese: Der Kirchenratspräsident und der Fraumünsterpfarrer sind soeben an dem Verwundeten vorbeigerannt (weil sie Wichtigeres zu tun haben), da kommt ein muslimischer Migrant, urspünglich aus Ostanatolien, der in einem Putzinstitut zum Minimallohn arbeitet, der regelmässig in die Moschee geht und ein frommer Beter ist. Noch steckt ihm die Demütigung wegen der Minarettabstimmung in den Nieren, vermutlich kann er auch einfach nicht verstehen, weshalb so viele Schweizer ihn immer mit irgendwelchen Terroristen in Verbindung bringen. Dieser muslimische Migrant also kommt desselben Weges, sieht den Verletzten und Ausgeraubten – und «fühlte Mitleid», wie die neue Zürcher Bibel etwas blass sagt. Bei Luther ist das viel kraftvoller übersetzt: «und es jammerte ihn». Er sieht dort Seinesgleichen, einen Menschen, der mit Schmerzen am Boden liegt. Er lässt alle Termine und alle Ängste beiseite und treibt Desinfektionsmittel auf, etwas sterile Watte und Verbandsstoff. Er bringt ihn in die Notfallstation und hinterlegt die Kaution, obwohl ihn das in Schulden bringt ...

Klar – liebe Gemeinde – es ist ein Gleichnis, keine tatsächlich geschehene Geschichte, obwohl sie täglich geschieht. Sie antwortet – in paradoxer, aber eben unglaublich augenöffnender Weise auf die Frage: Was muss ich tun, um Anteil am ewigen Leben zu bekommen? Und die Antwort lautet: Nicht diese oder jene Orthodoxie vertreten, sondern wirklich menschlich werden. Nicht nur an die eigene Familie und den näheren Freundeskreis denken, auch nicht an die neugekauften Kleider, die vom Blut des Verletzten ruiniert werden könnten – sondern einfach die spontane Reaktion des Mitleids zulassen. Statt einer theologischen Debatte, statt Rechtfertigungslehre und Religionspolitik geht es um – Barmherzigkeit: «Es jammerte ihn». Dieser Samaritaner kann alle demütigenden Erfahrungen beiseite lassen, die er mit jüdischen Zeitgenossen gemacht hatte, alle Gefühle wie «Die können mir» oder «Das geht mich nun wirklich nichts an» sind wie weggewischt, weil hier ein Nächster liegt, ein Mensch, der einfach Hilfe braucht. Es geht also um verengte oder passionierte Wahrnehmung (was ist wichtig, was unwichtig?). Es geht um ein Auge für andere und in diesem Moment wirklich darum, dass man als Mensch Mitmensch ist – oder es werden kann: Wir sind Geschöpfe, die auf Mitgeschöpflichkeit angelegt sind.

Wird dadurch jedes Glaubensbekenntnis irrelevant? Nein, durchaus nicht, aber das ist jetzt nicht vordringlich – jetzt liegt hier einer. Nachher im Tempel kann man sehr wohl wieder über Glaubensbekenntnisse nachdenken – und zugleich dankbar sein, wenn ganz ähnliche Stimmen von aussen zu hören sind: Seneca, Epikur, Cicero. (Wie absurd, ausgerechnet hier Menschlichkeit für sich pachten zu wollen.) Und dennoch wird man mit grossem Gewinn jetzt das eigene Glaubensbekenntnis bedenken. Denn in der Weihnachtszeit bekennen wir doch, dass Weihnachten nicht einfach Kinderfestli bedeutet, sondern etwas ganz Tiefes: Gott kommt in diese Welt, damit wir alle menschlich werden. Gott kommt nicht in der Gestalt eines Feldherrn, nicht in der Gestalt eines Hohepriesters, sondern in der Gestalt eines schutzlosen Kindes in diese Welt, damit wir Ihm auf dieser Spur der Menschlichkeit nachfolgen. Eine Menschlichkeit, die

Mitleiden und Mitfreude bedeutet, Hilfe und Sichhelfen-lassen, Zeitschenken und Zeithaben, offene Augen und geöffnete Herzen.

Und deshalb sagt Jesus wiederum ganz schlicht: *Geh du auch hin und handle ebenso.* So schwierig – so ein-fach ist das.

Amen.

... mit dem Ende des Seesturms sei
dieser wunderliche Klabautermann so
plötzlich, wie er vorher erschienen war,
wieder verschwunden gewesen ...

Ein Kind bringt den Frieden

Sonntag, 5. Dezember 2010

Klaus Bartels

Im Jahre 40 v. Chr., vier Jahre nach den «Iden des März», in der Zeit eines trügerischen Schein-Friedens zwischen zwei blutigen römischen Bürgerkriegen, hat der junge, damals dreissigjährige Vergil in prophetischer Dichtersprache die nahe Wiederkunft des mythischen Goldenen Weltalters verkündet. Da heisst es am Anfang:

«Die grosse Reihe der Weltalter wird von neuem geboren: / Jetzt kehrt zurück die paradiesische Zeit, / jetzt wird ein neues Menschengeschlecht vom Himmel herabgesandt. / Sei du, Lichtgöttin, dem Knaben hold, der nun geboren wird, / mit dem das eiserne Geschlecht abtreten / und in der ganzen Welt ein neues, goldenes aufgehen wird! / Als der Schmuck dieser Zeit wird er seinen Einzug halten, / und wenn Spuren unserer Schuld uns noch anhaften, / so werden sie nun getilgt, wird von langwährendem Schauder die Erde erlöst.»

Und da spricht Vergil am Ende den Knaben selbst an, mit dem dieses neue Goldene Weltalter seinen Einzug halten soll:

«O tritt an die hohen Ehren – die Zeit ist nah – / lieber Götterspross, Jupiters grosser Zugewinn! / Sieh doch, wie die ganze schwere Weltkugel vor Freude schwankt, / sieh doch, wie alles sich freut auf die nahende goldene Weltzeit!»

Und ganz zum Schluss schwenkt der Blick von der grossen Weltkugel und dem neuen Weltalter aufs Allernächste, zu dem ersten Lächeln zwischen dem Neugeborenen und seiner Mutter: «Fang an, kleiner Knabe, mit Lächeln die Mutter zu erkennen – *Incipe, parve puer, risu cognoscere matrem!*»

Über mehr als zwei Jahrtausende hinweg spricht dieser letzte Vers uns an: «Fang an, kleiner Knabe, mit Lächeln die Mutter zu erkennen!» Hier und heute im Advent des Jahres 2010 nach Christus zitiert, ruft solch ein Vers die vielerlei Bilder von der Geburtsszene in Bethlehem in uns auf, in denen die Mutter das Kind anlächelt, das Kind der Mutter zulächelt. Aber der zarte Vers von dem Kind und der Mutter, die einander zulächeln, einander mit Lächeln erkennen, gehört ja nicht in die idyllische Szene im Stall von Bethlehem in der syrischen Provinz, sondern in die politische Szene der Hauptstadt Rom; er ist hineingesprochen in eine harte Männerwelt von erbitterten Machtkämpfen und blutigen Bürgerkriegen. Jenes Jahr, in dem Vergil sein prophetisches Gedicht schrieb, zählte man damals noch nicht als das Jahr «40 vor Christi Geburt», sondern als das Jahr «713 nach Gründung der Stadt».

Es ist nichts Geringes, was der römische Dichter da prophezeit: eine welthistorische Zeitenwende von den scheinbar ewigen Kriegen zu einem wahrhaft ewigen Frieden, in mythischer Sprache: ein Auslaufen der gewaltträchtigen Eisernen Zeit und die Wiederkehr der paradiesischen Goldenen Zeit, und zugleich eine Erlösung von der lastenden Blutschuld lange fortwährender Kriege und zumal der jüngsten Bürgerkriege. «Die grosse Reihe der Weltalter wird von neuem geboren», verkündet Vergil da, «jetzt wird ein neues Menschengeschlecht vom Himmel herabgesandt. ... Und wenn Spuren unserer Schuld uns noch anhaften, so werden sie nun getilgt, wird von langwährendem Schauder die Erde erlöst.» Vergil hat seine Prophezeiung einer Neugeburt der Menschheit in das einleuchtende, einprägsame, schöne Bild der Neugeburt eines Knaben gefasst. Er dachte da wohl an eine erwartete Nachkommenschaft des charismatischen Hoffnungsträgers jener Zeit, des jungen Caesar, des späteren Kaisers Augustus; aber das bleibt ganz im Hintergrund. Im Blick ist einzig das verheissene heilbringende Kind, und von ihm heisst es da: «Er wird göttliches Leben empfangen, wird Göttersöhne und Götter schauen; er wird den durch die Taten seines Vaters befriedeten Erdkreis lenken.»

Und darauf folgt in Vergils Gedicht ein farbig ausgemaltes Paradiesbild dieser nahe erwarteten Goldenen Zeit, in der nicht nur die Menschen untereinander wieder ihren Frieden finden, in der auch die Rinder die Löwen nicht mehr fürchten müssen, in der schliesslich auch – frappierend aktuell – der Mensch und die Natur miteinander wieder ihren Frieden finden:

«Dir, Knabe, wird die Erde ohne Aussaat erste kleine Gaben darbringen: / Efeuranken und duftende Narde, Seerosen und üppigen Akanthus; / von selbst wird deine Wiege bunte Blumen spriessen lassen. ... / Nicht mehr werden die Herden die mächtigen Löwen fürchten müssen. ... / Nicht mehr wird der Acker den Pflug erleiden, nicht mehr der Weinberg das Rebmesser; / der Bauer hinter dem Pflug wird dem Zugochsen das lastende Joch lösen.»

«Sieh doch», ruft Vergil am Ende des Gedichts das «liebe», von dem Göttervater Jupiter in diese tief zerrissene, zerstrittene eiserne Welt gesandte «Götterkind» an: «Sieh doch, wie die ganze schwere Weltkugel vor Freude schwankt, sieh doch, wie alles sich freut auf die nahende goldene Weltzeit.... Fang an, kleiner Knabe, mit Lächeln die Mutter zu erkennen!»

Es kann nicht verwundern, dass die christliche Welt in diesen Versen später eine Prophezeiung der Geburt Christi erblickte. Schon die Zeitgenossen hatten Vergil um dieses Gedichts und um der welthistorischen Zukunftsperspektiven in seiner «Aeneis» willen den Ehrentitel eines «Sehers» verliehen; im Anschluss daran haben die römischen Kirchenväter dem klassischen römischen Dichter später an der Seite der alttestamentlichen Propheten einen Ehrenplatz verliehen. Ein Fresko der Renaissance im Dom von Orvieto zeigt den Dichter, wie er vor sich in ein grosses Buch schreibt, den Kopf zurückgeneigt, den Blick emporgerichtet – nicht etwa zu seiner epischen Muse, sondern zu einer Inspiration des Heiligen Geistes.

Mit dem Sieg jenes jungen Caesar, des späteren Kaisers Augustus, über Antonius und Kleopatra im Jahre 30 – immer noch – vor Christus, hatte Rom die Bürgerkriege tatsächlich vollends überwunden. Die eine Stadt beherrschte die ganze Welt, soweit sie damals politisch und geographisch im Blick war. Erstmals seit Menschengedenken schien damals ein Ende aller Kriege und damit ein «Ende der Geschichte» nahe bevorzustehen, erstmals erschien damals am Horizont die Vision eines dauernden weltweiten Friedens, mit dem Ehrentitel des Friedensbringers: einer *Pax Augusta*, eines «Augusteischen Friedens». In seinem grossen Weltgedicht, der «Aeneis», legt wieder Vergil dem Göttervater Jupiter eine Zukunftsschau in den Mund, die bis in diese Augusteische Gegenwart reicht und mit dem drastischen Bild der gefangenen, gefesselten Kriegsfurie endet: Da sehen wir den Götter und Menschen verachtenden Furor des Krieges hinter Schloss und Riegel auf einem Haufen zusammengeworfener Waffen hocken: «mit hundert ehernen Banden hinter dem Rücken gefesselt, zähneknirschend, grässlich, mit bluttriefendem Maule.»

Und wieder kann es nicht verwundern, dass das lateinische Mittelalter die Friedensparole dieser *Pax Augusta* in Beziehung setzte zu der Friedensverheissung der Engelsscharen über Bethlehem: «Ehre sei Gott in der Höhe und Friede auf Erden...» Die Befriedung der Welt unter Kaiser Augustus und die Erlösung der Welt durch die Geburt Christi schienen nicht zufällig in ein und dieselbe Epoche zusammenzufallen. Der römische Dichter Vergil als der Prophet eines gottgesandten, heilbringenden Knaben und damit der Geburt Christi in der fernen syrischen Provinz, der von Rom geschaffene Augusteische Friede als Wegbereiter des in Bethlehem verheissenen «Friedens auf Erden»: Mit diesen Brückenschlägen zwischen Rom und Bethlehem und mit zwei massgeschneiderten römischen Weihnachtslegenden, von denen ein andermal die

Rede sein soll, hat die christliche römische Gemeinde der «Ewigen Stadt», dem «Haupt der Welt», den ihr gebührenden Platz im Heilsgeschehen eingeräumt.

Ein Jahrtausend später sind der Friede der römischen Legionen und der Friede der himmlischen Heerscharen auf einem römischen Obelisken noch einmal aufeinander bezogen. Im späten 16. Jahrhundert hat Papst Sixtus V. für die Krippenreliquien in der Basilika Santa Maria Maggiore auf dem Esquilin eine prächtige Kapelle errichten und ihnen zu Ehren einen der beiden Obelisken vom Mausoleum des Augustus vor dieser Krippenkapelle wieder aufrichten lassen. Es ist ein rechter Weihnachtsobelisk, und die sprechenden Steine auf seiner Basis schlagen jeder auf seine Weise die Brücke von dem alten zu dem neuen Weltenherrscher. Da erklärt die Inschrift gerade gegenüber der Krippenkapelle: «Christus möge durch das unbesiegte Kreuz dem Volk seinen Frieden gewähren – er, der im Frieden des Augustus in die Krippe hinein geboren werden wollte – *qui Augusti pace in praesepe nasci voluit*.»

Und daneben bekennt sich der Obelisk in raffinierter Entgegensetzung des Einst und des Jetzt in eigener Sache und im eigenen Namen zu seinem neuen Dienst: «Christi, des auf ewig lebenden Gottes, Wiege verehre ich freudigst, der ich dem Grabmal des toten Augustus freudlos so lange habe dienen müssen.» Wenn Sie einmal in Rom sind – es muss ja nicht gerade am Weihnachtstag sein –, suchen Sie diesen Obelisken vor der Krippenkapelle von Santa Maria Maggiore doch einmal auf und nehmen Sie an seiner Weihnachtsfreude teil! Er spricht ja nur sein lapidares Latein, und kaum jemand hört ihm zu. Aber auch, wenn Sie nicht fliessend lateinisch träumen: Sie wissen jetzt ja, was er sagt; zeigen Sie ihm mit einem Lächeln, dass Sie ihn verstehen und sich mit ihm freuen! Er wird sich wieder freuen; sein Herz ist nicht von Stein!

Die Zitate: «Die grosse Reihe der Weltalter …»: Vergil, Hirtengedichte (Bucolica, Eklogen) 4, 5ff. und 48ff.; «Fang an, kleiner Knabe …»: Vers 60 – «Er wird göttliches Leben empfangen …»: Vers 15ff. – «Dir, Knabe, wird die Erde …»: Vers 18ff. und 40ff. – Der vom Heiligen Geist inspirierte Vergil: Fresko von Luca Signorelli, in der Madonnenkapelle des Doms von Orvieto – Die gefesselte Kriegsfurie: Vergil, Aeneis 1, 294ff. – Die Inschriften auf der Basis des Esquilinischen Obelisken: Klaus Bartels, Roms sprechende Steine, 4. Auflage, Mainz 2012, Nr. 10.12

Es geschah aber in jenen Tagen, dass ein Erlass ausging vom Kaiser Augustus, alle Welt solle sich in Steuerlisten eintragen lassen. Dies war die erste Erhebung; sie fand statt, als Quirinius Statthalter in Syrien war. Und alle machten sich auf den Weg, um sich eintragen zu lassen, jeder in seine Heimatstadt. Auch Josef ging von Galiläa aus der Stadt Nazaret hinauf nach Judäa in die Stadt Davids, die Betlehem heisst, weil er aus dem Haus und Geschlecht Davids war, um sich eintragen zu lassen mit Maria, seiner Verlobten, die war schwanger. Und es geschah, während sie dort waren, dass die Zeit kam, da sie gebären

sollte. Und sie gebar ihren ersten Sohn und wickelte ihn in Windeln und legte ihn in eine Futterkrippe, denn in der Herberge war kein Platz für sie. Und es waren Hirten in jener Gegend auf freiem Feld und hielten in der Nacht Wache bei ihrer Herde. Und ein Engel des Herrn trat zu ihnen, und der Glanz des Herrn umleuchtete sie, und sie fürchteten sich sehr. Da sagte der Engel zu ihnen: Fürchtet euch nicht! Denn seht, ich verkündige euch grosse Freude, die allem Volk widerfahren wird: Euch wurde heute der Retter geboren, der Gesalbte, der Herr, in der Stadt Davids. Und dies sei euch das Zeichen: Ihr werdet ein neugeborenes Kind finden, das in Windeln gewickelt ist und in einer Futterkrippe liegt. Und auf einmal war bei dem Engel die ganze himmlische Heerschar, die lobten Gott und sprachen: Ehre sei Gott in der Höhe und Friede auf Erden unter den Menschen seines Wohlgefallens.

Lukas 2,1–14

Niklaus Peter

Liebe Gemeinde
«*Ehre* sei Gott in der Höhe / und *Friede* auf Erden» – so singen die Engel in der Weihnachtsgeschichte des Lukasevangeliums. Der «Friede» steht auch hier – wie bei Vergil – im Zentrum, zusammen aber mit der «Ehre Gottes», wie Luther übersetzt. Diese «Ehre» heisst auf Griechisch «Doxa», «Gloria» auf Lateinisch, aber das ist eben etwas anderes als die Sternchen-Sendung «Glanz und Gloria» in unserem Schweizer Fernsehen, denn damit ist

die mit Gottes Offenbarung sich einstellende Klärung im Menschlichen, die friedenstiftende Klarheit gemeint... Und deshalb übersetzt Luther sehr schön und treffend nicht «die Herrlichkeit», sondern «die Klarheit des Herrn umleuchtete sie».

Friede auf Erden, diese Botschaft hören die Hirten, nachdem der Engel ihnen erklärt hat, was da geschehen ist: «Fürchtet euch nicht! Denn seht, ich verkündige euch grosse Freude, die allem Volk widerfahren wird: Euch wurde heute der Heiland geboren, der Messias, der Herr, in der Stadt Davids.» Frappant, die Ähnlichkeiten, frappant auch die Unterschiede zu Vergil!

Fraglos ist die Geburtsgeschichte des Lukas, wie jene des Matthäusevangeliums, eine Legende – aber das heisst nicht, dass es naive Texte wären. Wie gut deshalb, dass Klaus Bartels uns neben der Wirkungsgeschichte zuerst den geschichtlichen und politischen Kontext des Vergilextes vor Augen geführt hat – die unglaubliche Friedenssehnsucht nach so vielen Jahren schrecklicher Kriege im Innern wie im Äussern. Und dieselbe Friedenssehnsucht prägte Israel und das Judentum in noch viel tieferem Masse – denn seit dem babylonischen Exil waren die Juden mehrheitlich ein von fremden Herrschern und Besatzern unterworfenes Volk, hohe Steuern hatten sie zu entrichten, ihr Tempel und ihr Gottesdienst wurden nicht immer respektiert. Deshalb die Sehnsucht nach einem Friedenskönig, nach einem Messias – eine Sehnsucht, welche in den messianischen Verheissungen im Buch Jesaja, Kapitel 9 und 11, am hellsten zum Leuchten kommt.

Und so ist es verständlich, dass der Evangelist Lukas am Anfang seines Evangeliums diese Konstellation, ja diese Konjunktur (und das heisst: die Verbindung) – der *pax romana* des augusteischen Zeitalters mit der Geburt, dem Lebensweg, der Predigt dieses Friedenspredigers Jesus von Nazareth hervorhebt – aber zugleich die Unterschiede deutlich macht: Die göttliche Botschaft des Friedens ist nicht einfach identisch mit der Friedensbotschaft der römischen Besatzer. Jeder damals stand nämlich vor der Frage: Welcher Friede ist hier gemeint? Etwa nur die *pax romana*? Aber weshalb dann diese unvorstellbare Härte und Grausamkeit, mit der die Römer gegen alle Kritik und gegen religiöse Rebellen vorgingen. Und niemand damals überhörte beim Wort Heiland (*soter*/ Retter) und bei den Worten Messias und Herr (*kyrios*: das war der Herrschertitel für den Kaiser) die Zweideutigkeit oder Eindeutigkeit – dass hier von der Geburt eines *ganz anderen* Königs die Rede ist, nämlich von der Geburt eines Friedenskönigs! Diese Geburtsgeschichte, diese Friedensbotschaft, spricht von dem menschlichen Zimmermannssohn Jesus aus Nazareth, das wissen alle Leser oder Hörer, der von den Römern gekreuzigt worden ist – von jenem Prediger der Bergpredigt, der Seligpreisungen, der Gottesliebe und Menschenliebe, von jenem Prediger der «Entfeindung»…

So steht die Weihnachtsbotschaft zwar im Kontext der allgemeinen Sehnsucht nach Frieden, die fast alle Menschen teilen, aber sie wird bezogen auf eine ganz tiefe, bewegende, spezifische Geschichte jenes einmaligen Menschen aus Nazareth. Mit ihm, so die Botschaft, ist das Göttliche in diese Welt gekommen: Wie genau das zu verstehen ist, das erzählen aber eigentlich weniger die Geburtsgeschichten (und ihre legendarischen, späteren Zusätze wie Esel und Ochs und Könige), sondern das erzählen die Gleichnisse Jesu, das erzählen die Geschichten von Schuld und Vergebung, von Streit und Versöhnung, von Hoffnung wider alle Hoffnung, von Tod und Auferstehung.

Nicht eine naive Legende also, sondern eine konkrete Geschichte, die von unserem Leben handelt, die Irdisches, Politisches umfasst – denn es geht um Frieden unter den Menschen. Aber eben auch kein politischer Messianismus – keine Theokratie, keine Priester- oder Predigerherrschaft. Eine solche wollten damals die Zeloten, die Eiferer, die gegen die *pax romana* kämpften, die Gotteskämpfer – zu ihnen gehörte Jesus gerade nicht.

Das römische Reich – die *pax romana* – die weltliche Ordnung, all das ist nicht einfach vom Teufel, aber es ist auch nicht die einzige und letzte Realität. Erst dort, wo der römische Kaiser sich zum Gott machte, erst dort, wo das Imperium einen gnadenlosen Totalanspruch auf alle Menschen erhob, wo die römischen Herren alle Christen zum Opfer am kaiserlichen Altar zwingen wollten, erst dort weigerten sich die Christen. Gib dem Kaiser, was des Kaisers ist, aber gib Gott, was Gottes ist! Und das bedeutet: Wir müssen unterscheiden lernen, aber nicht statisch, sondern dynamisch: Gott kommt menschlich in diese Welt, ohne Theokratie, ohne Idolatrie, ohne Gewalt.

Liebe Gemeinde, wir haben eine Zeit der Desillusionierung hinter uns – des Zusammenbruchs eines innerweltlichen Wahns, des Wahns auf immer Mehr, immer Grösser, immer Schneller: ich meine die globale Finanzkrise, mit der sie grundierenden unverantwortlichen Hypothese, ja mit ihrem innerweltlichen Glauben an ein ständiges Wirtschaftswachstum und die damit verbundenen Spekulationen! Und die Frage ist, ob wir das wirklich schon hinter uns haben. Theologisch gesehen war oder ist das jedenfalls ein klassischer Fall von Götzenkult: etwas Weltliches wird zum Heil erklärt – Wachstum und Vergrösserung retten die Welt…

Die Weihnachtsgeschichte bringt eine radikal andere Botschaft, die Botschaft von der Kraft des Kleinen und Wahren, von der Kraft der Menschlichkeit, der Macht des Wortes, die Botschaft von der Wirksamkeit eines Friedens, der höher ist als alle ökonomische und auch militärische Vernunft. Während Götzenkult Misstrauen und Angst sät, so wächst hier wieder Vertrauen, wächst Sinn fürs menschliche Mass. Und die Botschaft Christi sagt auch: Dunkles kann aufgehellt werden, Krisen und Ängste können überwunden werden, wenn man zusammenhält.

Wer ernst nehmen kann, dass Gott so in die Welt kommt, tagtäglich, wenn wir es nur zulassen, für den sind der Glanz, das Licht, die Klarheit und die Ehre Gottes nicht einfach nur jene des Imperiums – des römischen Imperiums oder jene von Wirtschaftsimperien. Für den gibt es nicht nur die ambivalente Macht der *pax romana*, nicht nur jenen Frieden, der nur mit Waffen gesichert werden kann. Für den gibt es einen höheren, nachhaltigeren Frieden … Und ist es nicht frappant, wie stark die Ähnlichkeiten sind zwischen den Römern – und dem Wirken der westlichen Allianz, der Amerikaner, aber auch von uns Europäern – in Afghanistan, im Nahen Osten? *Pax americana* – aber eben belastet von hohen Ambivalenzen, von ganz massiven Wirtschaftsinteressen, von Machtinteressen: der Abhängigkeit vom Erdöl und anderen Rohstoffen. Ich will nicht politisieren – aber wer die Weihnachtsbotschaft hört, sollte diese Aspekte, diese Fragen zumindest mithören wollen!

An Weihnachten feiern wir, dass Gott sich in *humaner* Gestalt, in Menschlichkeit in der Welt offenbart, dass sich die Kraft Gottes in der Botschaft von Versöhnung und Liebe – also im Geist und im Wort zeigt – das ist der Glanz, das ist die sanfte Kraft der Weihnachts-Botschaft.

Aber gerade deshalb sollte man die Botschaft des Vergil, auch die Friedenshoffnungen anderer Religionen mithören – und nicht schlecht machen an diesem Fest: So haben es die alten Christen gehalten: Sie haben in Vergils 4. Ekloge eine wahre Sehnsucht herausgehört – und mit christlichen Konkretionen zu füllen versucht, sie haben Vergil sozusagen zum Christen ehrenhalber gemacht – das hat Klaus Bartels so schön beschrieben! Und Dante hat ihn in der Göttlichen Komödie sogar zum Führer durch Hölle und Purgatorium erkoren! – als Führer auf dem Weg zum Berg der Läuterung des Menschlichen (und nicht nur zum Berg der Erläuterung, wie gewisse Philologen meinen). Und darin, in diesen segensreichen Konkretionen von wirklicher Menschlichkeit, da könnten wir alle zusammen noch deutlich zulegen. Deshalb

üben wir ja jährlich – das wäre der Sinn der Adventszeit – und feiern dann immer aufs Neue dieses Fest.
Amen.

Bereits an seinem ersten Lebenstage stand er, als er gebadet wurde, aufrecht auf den Beinen in der Badewanne ...

«Am Anfang war der Logos»
Sonntag, 4. Dezember 2011

Am Anfang war das Wort – der Logos –,
und der Logos war bei Gott,
und von Gottes Wesen war der Logos.
Dieser war am Anfang bei Gott.
Alles ist durch ihn geworden,
und ohne ihn ist auch nicht eines geworden,
das geworden ist.   Johannes 1,1–3

Klaus Bartels

Die Philosophie, und so denn auch die Philologie, sagt
ein altes Wort, sei die Magd der Theologie. Heute gilt ihr
Dienst einem einzigen Wort, dem griechischen «Logos»,
den Johannes an den Anfang seines Evangeliums und
überhaupt aller Dinge gestellt hat: «Am Anfang war der
Logos», heisst es da kurz und dunkel. Es gilt, ein urgrie-
chisches Wort vom Staub der Jahrtausende blank zu put-
zen, und diesen Dienst leistet die alte Magd ihrer alten
Herrin hier umso lieber, als er just das Wort betrifft, das
die Philologie und die Theologie im Namen verbindet.

Der altgriechische «Logos», im Schulvokabular ver-
dolmetscht mit «Wort, Sprache, Vernunft», hat im modernen Euro-Wortschatz einen vielstimmigen, vielfältigen
Auftritt. Da ist ein lockeres «Ist doch logisch!» und ein
lässiges «Ist doch logo!»; da sind all die unerbetenen

63

Weihnachts-«Kataloge» im Briefkasten; da sind die hunderterlei Wissenschaften von der «Astrologie» bis zur «Zoologie»; da ist gerade jetzt im Wahljahr der fröhliche «Dialog» unter den Bundesratsparteien über die «Logik» der Konkordanz. Und merkwürdigerweise ist da noch die «Logistik» mit ihren Mega- und Gigalinern.

Nehmen wir unseren Einstieg bei Aristoteles. Am Anfang seiner «Politischen Schriften» erklärt Aristoteles, der Mensch sei mit seinem Sinn für Recht und Unrecht als ein Staatsbürger geboren; dazu habe er als einziges von allen lebenden Wesen Sprache, griechisch «Logos», sich unter Seinesgleichen mit Rede und Gegenrede über Recht und Unrecht zu verständigen; die Tiere hätten lediglich Laute, griechisch *phoné*, mit ihrem Wiehern und Bellen, Blöken und Grunzen allenfalls ihr Wohlsein oder Unwohlsein kundzutun. Und am Anfang seiner Einführung in die Philosophie sagt Aristoteles, der Mensch sei mit seiner Fähigkeit zu vernünftigem Denken, seinem Staunen und Fragen als ein Erkenntnissuchender geboren, der die Welt ringsumher und seinen Ort darin zu erklären und zu verstehen suche. Zu all dem ist dieser «Logos» in der Bedeutung «Wort, Sprache, Vernunft» – aber eben nicht eigentlich, nicht einfach nur «Wort, Sprache, Vernunft» – das Schlüsselwort, freilich eines, das erst selbst entschlüsselt werden will.

Der griechische «Logos» ist im Rechnungswesen, bei Rechnungsführung und Rechnungsprüfung, zu Hause. Seine einfachste Bedeutung ist das «Verhältnis» des einen Postens zu dem anderen wie der Einkünfte zu den Ausgaben, des Guthabens zu den Schulden. Im Übrigen bezeichnet der «Logos» überhaupt ein Zahlenverhältnis wie 2 zu 1, 3 zu 2, 4 zu 3 für die Oktave, die Quinte und die Quarte oder jetzt in Bern ein politisches helvetisches Zauberverhältnis wie 2 zu 2 zu 2 zu 1. Einander entsprechende Verhältnisse wie 2 zu 1 gleich 4 zu 2 bilden eine «Ana-logie». Die schlussfolgernde Logik verarbeitet derlei Analogien, derlei Viererkonstellationen, wie Mephistopheles es in Goethes «Faust» dem Schüler auseinanderlegt: «Das Erst' wär' so, das Zweite so, / und drum das Dritt' und Vierte so, / und wenn das Erst' und Zweit' nicht wär', / das Dritt' und Viert' wär' nimmermehr.» Das griechische Verb *logízesthai* bedeutet «berechnen», der *logismós* ist eine «Berechnung», die *logistiké (téchne)* bezeichnet die «Rechenkunst», und diese hat schliesslich über die Berechnung des militärischen Nachschubbedarfs und der verfügbaren Transportkapazität der modernen «Logistik» den Namen gegeben.

Der «Logos» im Sinne des «Verhältnisses» führt uns vom Rechnen zum Sprechen hinüber. Wenn das Griechische die Sprache als «Logos» anspricht, so deutet das Wort auf das grammatische, syntaktische Verhältnisgefüge, mit dem unsere Sprache das unvergleichlich vielfältigere Verhältnisgefüge der Welt um uns her in Worte zu fassen sucht. Kaum haben wir – wie eben jetzt – den Mund zum Sprechen und die Ohren zum Hören aufgemacht, setzen wir ja schon handelnde Subjekte und betroffene Dativ- und Akkusativobjekte und wie die einzelnen Satzteile alle heissen, zueinander ins Verhältnis. Und wenn wir dann nach Subjekt und Prädikat, Dativ- und Akkusativobjekt nicht gleich einen Punkt machen, gesellen sich dazu noch allerlei andere Verhältnisse von Ursache und Folge, Zweck und Mittel, Bedingung und Bedingtem und wie diese sogenannten «logischen» Bezüge alle heissen.

Da lässt die Sprache etwa jetzt zum Nikolaustag den freundlichen Samichlaus in der Rolle des handelnden Subjekts auftreten und den braven Kindern – den Dativobjekten – seine Äpfel und Nüsse – die Akkusativobjekte – vor die Füsse schütten, und wenn darauf die Kinder dem guten Mann ihre Sprüchlein und Verslein aufsagen und zuletzt dem geduldigen Esel noch eine Handvoll Karotten vor den Karren werfen, haben wir ebendieses Verhältnisgefüge von Subjekten, Dativobjekten und Akkusativobjekten gleich wieder vor Augen oder vor Ohren – oder vielmehr vor dem da drinnen in der Grosshirnrinde installierten Sprachprozessor, der derlei Verhältnisse verarbeiten kann. Der Esel hat da drinnen kein solches Sprachprogramm, kein solches «Logos»-Programm; das brave Tier quittiert die Karotten ohne solchen «Logos», lediglich mit seiner tierischen *phoné*, mit einem wohligen «Iiiih – Aaaah».

In der Gestalt des Sokratischen Dialogs ist der «Logos» im Sinne eines vernünftigen Denkens und Sprechens, Sprechens und Denkens zum Weg der philosophischen Wahrheitssuche geworden. Im griechischen *diálogos* deutet das Kopfstück *dia-*, entsprechend unserem «durch-», auf den durchgehenden Prozess, und der «Logos» lässt seine alte Bedeutung von Rechnungsführung und Rechnungsprüfung durchscheinen. Ein Sokratischer Dialog ist so etwas wie ein unendlicher Rechenprozess. «Dialog»: das bedeutet, dass da zwei auf der Suche nach der Wahrheit ein Problem in Frage und Antwort, Rede und Gegenrede miteinander durchrechnen, durchsprechen und durchdenken, dass sie einander geduldig und beharrlich von Grund und Gegengrund «Rechenschaft geben», und das solange, bis sie in ihrer Rechnung, ihrem Logos, übereinstimmen – sei es über ihr Wissen oder sei es vorerst doch wenigstens über ihr Nichtwissen.

In unübersetzbarer Prägnanz spricht ein Epikureischer Spruch von einer derart «philo-logischen», wörtlich: «logos-liebenden» Wahrheitssuche, um darauf überraschend das Paradox eines solchen Dialogs hervorzukehren: «In einer logos-liebenden, auf den Dialog setzenden gemeinschaftlichen Wahrheitssuche trägt der Verlierer den grösseren Gewinn davon: in dem Masse, in dem er hinzugelernt hat.»

Schon vor Sokrates hat Leukipp, der Begründer der griechischen Atomistik, unter dem Zeichen des «Logos» als erster eine durchgehende Naturgesetzlichkeit postuliert: «Keine Sache entsteht einfach so – ohne Grund –, sondern alles gemäss einer klaren Verhältnismässigkeit, eines Logos, und unter einer strengen Naturnotwendigkeit.» Und schon vor Leukipp hatte Heraklit von Ephesos als erster den «Logos» zu der hohen Bedeutung einer grundlegenden Weltordnung, eines Weltgesetzes erhoben. Der sprichwörtlich «dunkle» Denker hat diesen «Logos», dieses Grundverhältnis des Seienden, in dem Gesetz eines fortwährenden Wandels und Wechsels gesehen. Die griffige Formel «Alles fliesst», dieses geflügelte *«Pánta rhei»*, das jüngst goldfarben gefiedert auf dem

Zürichsee eingefallen ist, deutet auf das fortwährende Hinüber- und Herüber- und Ineinanderüberfliessen der Gegensätze von Tag und Nacht, Licht und Dunkel, Wachen und Schlafen, Leben und Tod und so fort. Für die Tiefe dieses Heraklitischen Denkens, soll Sokrates einmal bemerkt haben, bedürfe es freilich eines Delischen, eines tief hinabtauchenden Tauchers.

Jahrhunderte später hat die Philosophenschule der Stoa diesen Heraklitischen Gebrauch des «Logos» im Sinne von Weltordnung und Weltgesetz wieder aufgenommen und von einem «Logos des Kosmos», einer «Ordnung des Kosmos», und von dem Schöpfergott als dem «besamenden, befruchtenden Logos des Kosmos» gesprochen, der bestimmend und belebend in alle einzelnen Teile des Kosmos und zumal in alle lebenden und vernünftigen Wesen eingehe. Der letzte grosse Stoiker, Kaiser Marc Aurel, erklärt in seinen «Worten an sich selbst»: «Alle Dinge sind miteinander verflochten, und keines ist dem anderen fremd. Denn miteinander ist alles eingereiht und miteinander ordnet und schmückt alles denselben Kosmos. Denn es gibt nur einen einzigen Kosmos aus allen Dingen, einen einzigen Gott durch alle Dinge hindurch, eine einzige Weltsubstanz und ein einziges Weltgesetz, den gemeinsamen Logos, der alle Dinge und alle vernünftigen Wesen durchdringt.» Auch für die Tiefe dieses göttlichen «Logos des Kosmos» bedarf es wohl wieder eines Delischen Tauchers.

«Am Anfang war der Logos», so sagt Johannes am Anfang seines Evangeliums. Wie soll einer das jetzt übersetzen? Darüber ist schon ein Grösserer ins Stocken geraten; der hatte damals zuerst die Übersetzung «Wort», dann den «Sinn» und dann die «Kraft» erwogen und wieder verworfen und zuletzt getrost geschrieben: «Am Anfang war die Tat!» Faust konnte sich das leisten. Doch hier und heute ist die alte Magd, die Philologie, für einmal nicht mit ihrem Latein und Griechisch, sondern mit ihrem Deutsch am Ende und reicht dieses aller Übersetzung trotzende urgriechische Urwort blank geputzt, aber eben nur blank geputzt, ihrer Herrin, der Theologie, hinüber: Der «Logos» ist der «Logos», ist der «Logos»...

Die Zitate: «Am Anfang war der Logos»: Evangelium nach Johannes 1, 1ff. – Aristoteles, Politische Schriften 1, 2. 1253 a 7ff.; Metaphysik 1, 1. 980 a 21 – Goethe, Faust, Vers 1930ff. – Das Paradox des Dialogs: Epikur, Vatikanische Spruchsammlung 74 – «Keine Sache entsteht einfach so ...»: Leukipp, Fragment B 2 Diels-Kranz – Der «Logos» als Weltgesetz: Heraklit, Fragment B 1 und B 2 Diels-Kranz; «Panta rhei»: nach Aristoteles, Metaphysik 1, 6. 987 a 33f. – Marc Aurel, Worte an sich selbst 7, 9 – «Am Anfang war das Wort / der Sinn / die Kraft / die Tat!»: Goethe, Faust, Vers 1224ff.

Und das Wort, der Logos, wurde Fleisch und wohnte unter uns, und wir schauten seine Herrlichkeit, eine Herrlichkeit, wie sie ein Einziggeborener vom Vater hat, voller Gnade und Wahrheit. Johannes 1,14

Ja, liebe Gemeinde, Klaus Bartels hat drauf angespielt: Goethes Dr. Heinrich Faust stockt, als er «Im Anfang war der Logos» übersetzen soll. Einfach nur «Wort»? Kann man das *Wort* so hoch schätzen? Sollt' ich nicht eher *Sinn* schreiben?, so fragt sich Faust. Aber Sinn scheint ihm auch zu schwach, und deshalb erwägt er das Wort *Kraft*, um schliesslich – da er selbst tatendurstig ist – *am Anfang war die Tat* hinzuschreiben ...

Nun, die Bibel zu übersetzen ist tatsächlich kein einfaches Geschäft! Aber nachdem Klaus Bartels dieses urgriechische Wort «Logos» so herrlich blank geputzt und in seinem Bedeutungsreichtum für uns neu entfaltet hat, sehen wir die Pointe der Neuen Zürcher Bibelübersetzung besser: «Im Anfang war das Wort, der Logos» – heisst es, ungewohnt diese Doppelung, aber sie klärt und macht deutlich:

Logos hat eine viel grössere Bedeutungstiefe als das deutsche Wort «Wort». Nicht einfach nur Wort, Sprache, Vernunft, Zahl – sondern es geht um Verhältnisse, um Beziehungen, die man entdeckt und wahrnimmt – Zahlenverhältnisse, aber eben auch, wie Sachen sich, wie wir uns zueinander verhalten. Und vor allem: wie mit der Sprache, mit vernünftigen Sätzen, diese Verhältnisse, diese Beziehungen für uns verständlich werden: Logisch – heisst: Jetzt sehe ich, ja, jetzt verstehe ich ein wenig diese Verhältnisse! Sprache ist mehr als Logik, aber Sprache ohne innere Logik, ohne Logos verhilft uns nicht zu Einsichten, wirft kein Licht auf und in diese Welt.

Jetzt verstehen wir, weshalb die Griechen den Logos mit Gott in Verbindung brachten – genauso wie Gott auch in der hebräischen Bibel, in der Genesis, am Anfang spricht: Und Gott sprach – es werde... und es ward: Verhältnisse werden geordnet – und so entsteht eine Welt... Und wir Menschen bekommen Sprache für die Wahrnehmung der Welt, für unser gemeinsames Leben, für das Gotteslob.

Daher der Jubel von Menschen, die durchs Wort an Gottes Werk teilhaben, weil sich ihnen plötzlich Zusammenhänge auftun und klären. – Klar, «logo», so verhalten sich Dinge zueinander, in der Natur, aber auch bei uns! Gottes Logos hilft unserem Sprechen und Denken, uns selbst zu finden, Sinn zu finden, Gott zu finden.

Und jetzt realisieren wir, welch starke Aussage der Evangelist Johannes macht, wenn er nicht nur sagt: Im Anfang aller Dinge war *Gottes Logos*, sondern auch: dieser *Logos wurde Mensch* und wohnte unter uns. Johannes will über Jesus von Nazareth sprechen, über das Licht, das durch ihn in die Welt gekommen ist. Er will über Erfahrungen sprechen, über die Freude und den Sinn, über Vergebung und die Erneuerung des Lebens, über die dramatischen Ereignisse von Tod und Auferstehung, welche die Christen an Jesus Christus erlebt hatten!

Johannes muss – so vermute ich – aufgegangen sein, dass man die Dimensionen dieser Geschichte besser verständlich machen kann, wenn man nicht einfach vom Stern, von den Hirten und einem Kindlein in der Krippe erzählt, sondern wenn man mit einem *Bekenntnis* beginnt: Einem Hymnus, welcher die Grunddimensionen dieser Gottesgeschichte in einem grossen Lied an den Anfang setzt. Und deshalb beginnt das Johannesevangelium mit diesem hymnischen Lied über den Logos, dessen Botschaft lautet: In diesem Menschen Jesus von Nazareth hat sich Gott gezeigt, ja mehr: in und mit diesem Menschen ist Gott selbst in die Welt gekommen – Gottes Logos.

Liebe Gemeinde, Advent heisst: sich auf diese Dimensionen einstellen, das Weihnachtsevangelium nicht einfach als Geschichte, die wir doch alle kennen und wieder einmal mehr oder weniger genüsslich anhören wollen, ohne viel mitzudenken. Sondern es heisst: die grossen Dimensionen, die sich öffnen, wahrzunehmen: Nämlich was es bedeutet, dass Gott in die Welt gekommen ist – in der Gestalt dieses Menschen.

«Im Anfang war der Logos» – nur ein «Wort»? Kann man das Wort so hoch schätzen?, so fragte sich Goethes Faust … Lassen Sie mich dazu eine kurze Geschichte erzählen, in der es darum geht, was Logos, was Worte in einem tiefen Sinne für unser Leben, für unsere Arbeit, für unser Selbstverständnis bedeuten können, bedeuten könnten:

Auf einer Baustelle arbeiten drei Männer. Jeder hat einen Spaten in der Hand, mit dem er in der Erde gräbt. Der Erste wirkt lustlos und müde. Auf die Frage: «Was tust du da?» antwortet er: «Ich grabe ein Loch.» Der Zweite wirkt aufgestellter. Auf dieselbe Frage nach seinem Tun antwortet er: «Wir legen das Fundament für eine große Mauer.» Auch der Dritte arbeitet schwer mit seinem Spaten, trotz Schweissperlen und Zeichen von Erschöpfung aber wirkt er frisch und freudig. Seine Antwort auf die Frage: «Was tust du da?» lautet: «Wir bauen eine Kathedrale!»

Ja, es kommt drauf an, in welchem Logos man steht, in welchen Worten sich die Sinndimensionen des eigenen Lebens, der eigenen Arbeit auftun. Erinnern wir uns zum Schluss noch einmal an das, was Klaus Bartels über das urgriechische Wort Logos sagte: mit diesem Wort seien nicht nur Worte und Zahlen gemeint, sondern Grunddimensionen, Zusammenhänge, eben die Verhältnisse, in denen Sachen und auch Menschen zueinander stehen! Und die johanneische «Logik» wird verständlich, weshalb er dieses Urwort Logos aufgreift, um von dem Gott zu sprechen, der Mensch geworden ist, weil er selbst Liebe ist: Logos heisst hier das Wort, der Sinn, die Tat Gottes, der in eine intensive Beziehung zu uns kommen will, damit die Grundverhältnisse unseres Lebens sich in neuem Licht zeigen: Und plötzlich klärt sich etwas, plötzlich merken wir, was die weltbewegenden Dimensionen dieser Geschichte sind.

Gott hat sich in ein neues Verhältnis zu uns gesetzt. Mit Jesus Christus hat er Masstäbe für Menschlichkeit gesetzt, Grunddimensionen für das, was Gnade, was Vergebung, was Konfliktfähigkeit und Friedensfähigkeit bedeuten, eine Einladung, an seinem «Haus der Humanität» mitzubauen. Wenn wir das realisieren, dann werden wir auf die Frage, «Was tust du mit deinem Spaten hier?», nicht einfach sagen: «Ich grabe ein Loch», sondern freudig, engagiert und hoffnungsvoll antworten: «Ich baue mit an einer Kathedrale».

Amen.

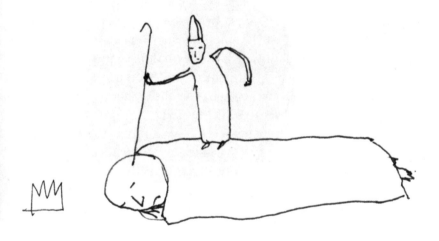

... erschien der heilige Nikolaus noch in derselben Nacht dem Kaiser Konstantin im Traum und sprach: «Warum hast du diese Feldherrn so wider alles Recht in den Kerker geworfen und ohne jede Schuld zum Tode verurteilt? Erhebe dich eilends und gib Befehl, sie unverzüglich freizulassen!»

Selbstsorge und Selbstfindung

Sonntag, 9. Dezember 2012

Klaus Bartels

«Selber, selber, selber!» protestieren schon immer die Kleinen, noch ehe sie recht sprechen können, und wollen sich ihren Mantel selber zuknöpfen, die Handschuhe selber anziehen; «Selbst-, Selbst-, Selbstverwirklichung!» rufen seit jüngstem die Grossen und wollen sich kein fremdes Leben, keine fremden Rollen anhängen lassen. Das «Selbst» hat Hochkonjunktur: Selbstbestimmung ist gefragt, Fremdbestimmung ist verpönt. «Selbst»: das heisst griechisch *autós*. Wer im Deutschen sagt «mein Auto», sagt genau «mein Selbst» – und meint doch nicht sein eigenstes Selbst, an dem sein Selbstbewusstsein und sein Selbstverständnis hängt, sondern nur sein «Automobil», sein ohne Pferde von Fleisch und Blut kraft eigener Pferdestärken selbstanfahrendes «Selbstbewegliches».

Das griechische *autós* bezeichnet zunächst einfach «denselben», von dem vorher die Rede war, oder einen Menschen «selbst» im Unterschied zu anderen um ihn herum. Durch Sokrates und Platon ist dieses Allerweltswörtchen in der Folge zum Wegweiser der Selbstfindung geworden. Seit alters begrüsste der Delphische Apollon die Besucher seines Tempels mit dem Zuruf «Erkenne dich selbst! – *Gnóthi se-autón*!», dem Aufruf, den Blick von draussen nach drinnen zu wenden und sich der menschlichen Begrenztheit inne zu werden.

Ein geflügeltes Wort läuft unter dem Namen des Bias von Priëne, eines der Sieben Weisen. Der Feind hatte seine Vaterstadt eingenommen, und die Bürger wurden aus der Stadt vertrieben. Wie nun die Übrigen von ihrem Hab und Gut mitnahmen, soviel sie nur konnten, und einer den ohne Sack und Pack unter ihnen dahinschreitenden Bias aufforderte, das Gleiche zu tun, sagte er: «Aber das tue ich ja: Ich trage alles bei mir, was mein ist.» Mit diesem «*Omnia mecum porto mea*» ist der weise Bias, wie er in dem Flüchtlingstreck zwischen hochbepackten Wagen unbeschwert dahingeht, zum klassischen Bild des Menschen «selbst» ohne alles äussere Drum und Dran geworden. Und so, wie die Griechen es in der Folge verstanden, liegt diese Grenze zwischen Mein und Nicht-Mein, Innerem und Äusserem, nicht nur diesseits von allem Hab und Gut, sondern auch diesseits von Leib und Leben.

Sokrates und Platon haben als erste in diesem Sinne von dem Menschen «selbst» gesprochen, am schlichtesten in der fiktiven «Verteidigungsrede», die Platon viele Jahre nach dem Tod des Sokrates geschrieben hat. Da bekennt sich der Angeklagte stolz zu seiner alternativen Existenz: Er habe sich nie um die Dinge bemüht, die den meisten zuvörderst angelegen seien, um ein ordentliches Einkommen und die Mehrung des Vermögens, eine politische Karriere und ein angesehenes Staatsamt. Dafür erhebt Sokrates den Anspruch, seinen Mitbürgern mit seinem beharrlichen Fragen und Mahnen die «grösste Wohltat» erwiesen zu haben: «Ich versuchte ja», heisst es dort, «jeden Einzelnen von euch dazu zu bringen, sich nicht eher um irgend etwas von seinen Angelegenheiten zu kümmern, als bis er sich um sich selbst gekümmert hätte, nämlich darum, so gut und so vernünftig zu werden wie nur irgend möglich, und sich nicht eher um irgend etwas von den Angelegenheiten der Stadt zu kümmern, als bis er sich um die Stadt selbst gekümmert hätte.» Als habe Platon dieses neue «Sich-um-sich-selbst-Kümmern» noch für erklärungsbedürftig gehalten, fügt er hinzu: «nämlich darum, so gut und so vernünftig zu werden wie nur irgend möglich». «Zu werden»: Bei jenem weisen Bias und all dem «Seinen», das er bei sich trägt und hat, war die Rede noch von einem Haben; hier, bei Sokrates und diesem «Sich-um-sich-selbst-Kümmern», geht es vollends um ein Werden und ein Sein.

Sein eigenes Selbst hat dieser Sokrates in der Suche nach den leitenden Werten des Lebens gefunden, im fortgesetzten Gespräch mit seinen Mitbürgern, auf dem offenen Markt seiner Vaterstadt. «Ein nicht ständig überprüftes Leben», sagt er einmal in dieser Rede, «ist nicht lebenswert für einen Menschen.» Sokrates hat diesen unendlichen Dialog als einen doppelten Dienst verstanden: Zum einen als einen «Gottesdienst», wie er es nennt, an dem Gott von Delphi im Sinne jenes «Erkenne dich selbst!», im Klartext: «Mach dir bewusst, wie wenig du weisst, wie viel du zu suchen hast!», und zum anderen als einen Dienst an seiner Vaterstadt. Er sah sich dazu aufgerufen, mit seiner «Philosophie», seiner Werte-Suche, auch seine Mitbürger zu solcher Selbst-Suche und Selbst-Findung aufzurütteln.

Einmal sagt er da, wie er diese hohen Herren Athener angesprochen hat: So werde er sie, wenn man ihn jetzt laufen lasse, auch weiterhin ansprechen – fast möchte man sagen: sie Sokratisch-ironisch anhauen: «Du Grossartigster von allen, du bist Athener, Bürger der grössten und angesehensten Stadt, der Nr. 1 für Wissenschaft und Führungskraft, und du schämst dich nicht, dich um Geld und Gut zu kümmern, dass du so viel wie nur irgend möglich davon bekommst, und dich um einen grossen Namen und ein Staatsamt zu bemühen; aber um deine Vernunft und um deine Seele, dass die so gut wie nur irgend möglich werde – um dich selbst, um dein Selbst – kümmerst du dich nicht und sorgst du dich nicht?» Kein Wunder, dass derlei Politikerschelte vor aller Ohren dem unbequemen Frager einen jugendlichen Fan-Club und dem Siebzigjährigen die Anklage eintrug, er verderbe die Jugend.

Sokrates hat in diesem Selbst, das der Mensch mit seinem Leben, seinem Handeln und seinem Leiden, selbst ausbildet und gestaltet, einen innersten Kern des Menschen erkannt, dem keine äussere Bedrängnis und auch kein Todesurteil etwas anhaben kann. So kommt er am Ende seines Plädoyers zu der paradoxen Erklärung, er verteidige in diesem Prozess ja gar nicht sich selbst – denn ihm selbst, seinem Selbst, könnten die Ankläger ja gar keinen Schaden zufügen –, er verteidige vielmehr seine Richter: dass die sich nicht an dieser «Gottesgabe» des Delphischen Apollon für Athen vergriffen und damit an sich selbst, an ihrem Selbst, Schaden nähmen.

Der Gedanke deutet von diesem irdischen Gerichtshof der 501 geschworenen Richter zu einem jenseitigen Totengericht hinüber, das Platon zum Abschluss seines «Gorgias» in mythischen Bildern beschreibt. Dort tritt der Tote vollends «nackt», nicht nur aller Gewandung, sondern auch aller Leiblichkeit entkleidet, mit seinem blossen Selbst vor seinen Richter, und auch der Totenrichter tritt ihm derart «nackt», ohne jede Leiblichkeit, ohne Augen und Ohren, gegenüber, um so, wie es da heisst, «einzig mit seiner Seele selbst einzig die Seele des Toten selbst» zu betrachten und zu richten.

Vielleicht haben Sie nun schon längst an ein vier Jahrhunderte jüngeres Jesuswort gedacht, das auch aus der Vergegenwärtigung des nahen Todes gesprochen ist: «Was hülfe es dem Menschen, wenn er die ganze Welt gewönne und nähme doch Schaden an seiner Seele?» Aber da beginnt eine neue Fakultät, die theologische, und die hat gleich nachher noch einen richtigen Prediger.

Die Magd der Theologie, die Philosophie, führt uns zunächst noch zu einem späten Sokratesjünger, zu Seneca nach Rom, in die Neronische Zeit, in eben das Jahrzehnt, in dem die Apostel Petrus und Paulus dort ihrem Martyrium entgegengingen. Mit einem flammenden Appell hat Seneca damals seine bedeutenden Altersbriefe eröffnet: «Erhebe Anspruch auf dich selbst für dich selbst! – *Vindica te tibi*!» Senecas Philosophie ist im Ganzen ein Aufruf, dieses innere Selbst, dieses einzige wirkliche Eigentum des Menschen, unbeschadet zu bewahren, unbeschadet vor allen verlockenden Scheingewinnen, die unterm Strich mit einem unvermerkten Selbstverlust zu Buche schlagen.

In einem späten Brief, kurz vor dem durch Nero erzwungenen Suizid, notiert Seneca: «Der Landvermesser lehrt mich, meinen Grundbesitz zu vermessen, statt dass er mich lehrte zu ermessen, wie viel einem Menschen genug ist – … und wie viel Überflüssiges der Mann besitzt, dessen Millionenerbschaft die Vermögensverwalter strapaziert. … Was nützt es mir zu wissen, wie ich irgendein Stück Land in soundso viele Teile teilen kann, wenn ich doch nicht weiss, wie ich ebendieses Stück Land mit meinem Bruder teilen soll?» Manches ist sogar mehr als überflüssig. In einem anderen dieser Briefe heisst es: «Vielfach erscheint uns gerade das als geschenkt, was uns am teuersten zu stehen kommt. Darin zeigt sich unsere Kurzsichtigkeit am deutlichsten: dass wir einzig das zu kaufen vermeinen, wofür wir mit klingender Münze bezahlen, und all das als geschenkt betrachten, wofür wir uns selbst in Zahlung geben. … Viele Dinge kann ich dir bezeichnen, die uns, kaum dass wir sie erworben und in die Hand genommen haben, schon unsere Freiheit entwunden haben: Wir wären unser, wenn diese Dinge nicht unser wären – *Nostri essemus, si ista nostra non essent.*»

Vor ein paar Wochen hat mich in Rom ein sprechender Stein neu angesprochen, der wohl wusste, dass ich gerade mit dem «Selbst» im Kopfe umging. Er sprach von dem Auszug aus dem einen Leben und dem Einzug in ein anderes Leben, und deutete von dem steinernen, zeitlichen Haus an der Via Sistina auf ein ewiges Haus aus anderem Stoff, an anderem Ort hinüber: «Bald gehn aus diesem Haus, das fremde Hand erbaut, / wir in das ew'ge ein, das wir uns selbst erbau'n – *Cito hac relicta, aliena quam struxit manus, / aeternam inibimus, ipsi quam struimus domum.*»

Die Zitate: «Erkenne dich selbst!»: Platon, Protagoras 343 a f. und Charmides 164 d ff. – «Omnia mecum porto mea»: Bias von Priëne bei Cicero, Paradoxa Stoicorum 1, 8 – Das Sokratische «Selbst»: Platon, Verteidigungsrede (Apologie) des Sokrates 36 c; 38 a; 29 d f.; 30 c f. – Das jenseitige Totengericht: Platon, Gorgias 523 e – «Was hülfe es dem Menschen …»: Matthäus 16, 26 – «Vindica te tibi!»: Seneca, Briefe an Lucilius 1, 1 – «Der Landvermesser lehrt mich …»: Seneca, Briefe an Lucilius 88, 10f.; «Vielfach erscheint uns gerade das als geschenkt …»: 42, 6ff. – Die Inschrift an der Via Sistina: Klaus Bartels, Roms sprechende Steine, 4. Auflage, Mainz 2012, Nr. 8.1

Darauf sagte Jesus zu seinen Jüngern: Wenn einer mir auf meinem Weg folgen will, verleugne er sich selbst und nehme sein Kreuz auf sich, und so folge er mir. Denn wer sein Leben retten will, wird es verlieren; wer aber sein Leben verliert um meinetwillen, wird es retten. Denn was hilft es dem Menschen, wenn er die ganze Welt gewinnt, dabei aber sich selbst verliert oder Schaden nimmt an seiner Seele?

Matthäus 16,24–26

Niklaus Peter

Liebe Gemeinde

Was für eine interessante, tiefschürfende Wort- und Welt-Geschichte, die Klaus Bartels nachgezeichnet hat, vom griechischen «Allerweltswörtchen» *autós*, das schlicht «derselbe» bedeutet, bis zum Wegweiser zu einem «Selbst», das zu finden nun wirklich eine wichtige Aufgabe für uns Menschen ist. Denn Gotteserkenntnis und Selbsterkenntnis, so hat Calvin betont, gehören zusammen. Wer Gott findet, der wird mit sich selbst konfrontiert – im Schönsten, aber auch im Schwierigen ... Und er wird dabei auf Mitmenschen stossen!

Wer sich selbst ohne Gott und ohne Mitmenschen finden will, der stösst vermutlich nur auf eine dubiose Dreieinigkeit, welche im amerikanischen Songtitel «Me, Myself and I» anklingt, was man mit «Ich, Ich und nochmals Ich» übersetzen könnte. Und davon haben wir in unserer Kultur, das wissen wir spätestens seit dem Bankenskandal, definitiv zuviel ...

Und daran schliesst nun dieses grosse und herausfordernde Jesuswort an: Wer sein Jünger sein wolle, müsse sich selbst verleugnen – und das heisst: Distanz zu diesem dominanten Ich-Ich-Ich nehmen können – er müsse die Selbstzentrierung ein Stück weit durchbrechen können und: *sein Kreuz auf sich nehmen.* Das ist nahe bei der Rede des Sokrates – wer nur an sich denkt, verliert sich selbst – und so denkt Sokrates noch im Moment der Todesbereitschaft auch an das Selbst seiner Richter – denn es steht nicht nur ein egozentriertes

Selbst. Denn es steht der Mensch, es steht die Wahrheit auf dem Spiel.

Jesus sagt sein Wort an die Jünger im Horizont seiner Bereitschaft, einzustehen für die Botschaft von Gottes friedlichem Reich – auch dann einzustehen, wenn das ins Leiden führt. Er sagt es zu Beginn der Passionsgeschichte. Und er sagt damit: Wer ihm nachfolgen will, muss auch bereit sein, in schwierigen Momenten mitzutragen, einzustehen für seinen Glauben, für seine Überzeugungen. Sein Kreuz auf sich nehmen ist also nichts Passives, nicht einfach ergeben alles Leiden akzeptieren – sondern etwas Aktives: Einstehen für das, was wichtig ist, auch wenn es auf schwierige Pfade führt. Und dann folgt bei Jesus die geheimnisvolle Begründung: *Denn wer sein Leben retten will, wird es verlieren; wer aber sein Leben verliert um meinetwillen, wird es retten.* Und vielleicht erschrecken wir, weil das hart klingt: Geht unser Glaube denn da nicht fast leichtfertig um mit dem Leben hier auf Erden? Steckt vielleicht – nicht bei Jesus, aber ja leider in der Geschichte des Christentums – ein Zug Fanatismus drin, wenn man so sprechen kann? Denn irgendwie wollen und sollen wir doch alle unser Leben retten wollen, oder etwa nicht?

Nun, dort, wo es auf Deutsch Leben heisst, steht im Griechischen: *psyche* – was auch Seele heisst … So müssten wir also mithören: Denn wer seine Seele retten will, wird sie verlieren; wer aber seine Seele investiert um meinetwillen, wird sie retten … – Und vielleicht wird jetzt deutlich: Es geht um unser Selbst, und das heisst: es geht um jenen Kern der Person, wie er vor Gott stehen und bestehen soll – gerade wenn wir nicht nur uns selbst, sondern das tiefe Geheimnis des Menschseins zu leben und zu verteidigen versuchen. Es geht also darum, ob wir nur uns selbst der höchste Wert sind, ob wir uns nur um uns selber drehen – oder ob das nicht der Fall ist. Wer nur sich selbst, seine Seele, sein Leben, sein Heil- und Wohlsein im Auge hat, wird es verlieren, weil man alleine sein Selbst nicht finden und bewahren kann.

Und deshalb nun diese zweite, fadengerade, kraftvolle Begründung durch Jesus: *Denn was hilft es dem Menschen, wenn er die ganze Welt gewinnt, dabei aber sich selbst verliert oder Schaden nimmt an seiner Seele? Was kann einer dann geben als Tauschwert für sein Leben?*

Es ist dies eine Lebens- und Seelenlehre von grosser Kraft, und sie sagt uns: Du gewinnst dich nicht, wenn du nur dich selbst suchst, vielleicht sogar gegen andere, gegen Gott, wenn du nur ein machtvolles Selbst suchst und aufbauen und verteidigen willst. Du verlierst dich dann gewiss – weil du so nur mit dir selbst beschäftigt bist – und nicht an der erneuerten Menschlichkeit, an der Gottes- Ebenbildlichkeit, an der Christusgestalt in dir beteiligt bist. Die aber wächst nur dort, wo man bereit ist für Dinge, die unser Selbst transzendieren, wo man bereit ist, etwas von sich einzusetzen, ja, bereit ist: Opfer zu bringen. Opfer muss nicht immer *in extremis* gedacht werden, nicht gleich schon: sein Leben geben. Aber vielleicht: etwas von seinem Leben geben, etwas von seiner Zeit, seiner Liebe, seiner Phantasie, seiner Kraft, auch dann, wenn es schwierig ist, sich dafür einzusetzen, wenn andere Wege einfacher wären. Opfer heisst nicht immer Passion, opfern heisst manchmal auch einfach Schenkenkönnen, Grosszügigkeit, Hingabe, mehr jedenfalls als jene unheilige Dreieinigkeit von Ich-Ich-Ich.

Liebe Gemeinde, wir gehen im Advent ja nicht auf die Passionszeit, sondern auf Weihnachten zu, auf die Zeit, in der wir feiern, dass Gott in die Welt kommt. Wo Gott nach unserem Glauben etwas preisgibt von seiner Unverletzlichkeit und Mensch wird, wo das Geheimnisvolle seiner Präsenz aufstrahlt. Wo Menschen neue Hoffnung gewinnen, zusammenkommen, zusammen feiern – und dieses Ereignis Menschen wirklich menschlich macht. Menschwerdung ist theologisch formuliert *Hingabe*, ein Geschenk Gottes, das uns menschlich macht, und das heisst: zu Menschen, die wissen, wie viel sie Gott und wie viel sie anderen Menschen verdanken. Wer das realisiert, wird dankbar, er begreift plötzlich, was Gnade heisst, was es heisst, so viel geschenkt zu bekommen, dass man fast nicht anders kann, als selber auch schenken zu wollen.

Liebe Gemeinde, der Weg zum wirklichen, zum wahren Selbst ist also nicht ein Weg, der in ein geschlossenes Inneres geht, sondern ein Weg, der zu den Mitmenschen und in die Welt hinein geht. Ein amerikanischer Dichter und Mystiker namens Robert Lax hat auf seine trockene, verschmitzte Weise einmal Folgendes notiert. Sein Arzt habe ihm geraten: *Sei du selbst* – versuch das mal! Worauf er stracks nach Hause gefahren sei mit dem festen Entschluss, das auszuprobieren. «Aber wie bei einigem sonst, was ich ausprobiert habe, so zeigte sich auch hier, dass das gar nicht so einfach ist»: *it turned out not to be easy*... Vielleicht eben deshalb, weil er das im stillen Kämmerlein machen wollte – während Gott in die Welt kommt, zu den Menschen kommt, menschliche Gestalt annimmt und viel von sich preisgibt, uns von seinem Leben schenkt – und jedem von uns dadurch neue Hoffnung geschenkt hat. Diese Art von Gotteserkenntnis führt zur Bescheidenheit und zur Selbsterkenntnis.

Amen.

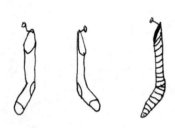

... es kann nicht verwundern, dass daraufhin die Bäckerzunft den Heiligen mit
den drei goldgelb gebackenen Broten
auf dem Evangelienbuch in seiner Hand
zu ihrem Schutzheiligen erkoren hat.

Wünschen – schenken – danken

Sonntag, 1. Dezember 2013

Klaus Bartels

«Es ist Dezember, der Monat des Festens, und mehr denn je kommt die Stadt ins Schwitzen. Ein Freibrief zu öffentlicher Üppigkeit ist gegeben. Alles hallt wider von ungeheuren Zurüstungen ...» So beginnt Seneca – vor fast zwei Jahrtausenden – einen seiner Altersbriefe. Jeweils im Dezember stürzte das altrömische Saturnalienfest ganz Rom in einen tollen Festestaumel, und das noch weit in die christliche Zeit hinein, bis schliesslich das stillere Weihnachtsfest den hektischen Trubel ablöste. Früher einmal, lässt Seneca da einen Witzbold spotten, sei der Dezember noch ein Monat gewesen, jetzt sei er ein Jahr, jetzt sei sozusagen das ganze Jahr hindurch Dezember. Seit Oktober ist nun auch bei uns Dezember, und mehr denn je kommt die Stadt ins Glitzern. Weihnachts-Illuminationen, Weihnachts-Dekorationen, Weihnachts-Kataloge, die überquellen von tausenderlei «Geschenkideen» – wie reagieren wir, inmitten einer Zeit der Fülle und der Überfülle, auf die Extra-Überfülle, die uns in diesen Wochen entgegenschlägt?

Als frischgewählter Zürcher Töchterschullehrer hatte ich einmal die verwegene Anti-Geschenkidee, mit meiner Griechisch-Klasse als Sandwich-Mann – ein Plakat vor dem Bauch, eines auf dem Rücken –, eine Reihe von Sandwich-Töchtern hinter mir, durch die Bahnhofstrasse zu paradieren und das schöne Wort unters Volk zu bringen, mit dem der alte Sokrates sich gegen die Überfülle seiner Zeit wappnete. Ein später Gewährsmann hat uns das prächtige Wort überliefert: «Wenn Sokrates über den grossen Markt – den Supermarkt – ging und auf die Menge der da ausgelegten Waren hinsah, sagte er oft im Stillen zu sich selbst: ‹Wie viele Dinge gibt es doch, die ich nicht brauche!›» Die Sandwich-Parade ist damals fröhliche Idee geblieben. Aber dieses Sokratische Glückswort «Wie viele Dinge gibt es doch, die ich nicht brauche!» ist bis heute dazu angetan, selbst den unweihnachtlichsten Weihnachtskatalog, so dick er ist, beim Durchblättern zu einem unerschöpflichen Lustquell zu machen. Um 11.00 beginnt da draussen der sonntägliche Weihnachtsverkauf, und jetzt, sozusagen um fünf Minuten vor 11.00, lade ich Sie vorsorglich zu einem Epikureischen Zitaten-Postenlauf ein, querfeldein durch das weite Feld von Haben und Wünschen, Wünschen und Schenken, Schenken und Danken.

Am zweiten Posten, nach Sokrates, erwartet uns sein Enkelschüler Diogenes. Da ist diesem alternativen Rucksackphilosophen und Konsumverächter anstelle einer Geschenkidee eine Wegwerf-Idee zugeflogen: «Als Diogenes einen Knaben erblickte, der aus seinen blossen Händen trank, kramte er seinen Becher aus dem Ranzen hervor, warf ihn weit weg und rief: ‹Tatsächlich – da hat mich jetzt doch ein Knabe übertroffen in der Kunst, mit dem Wenigsten auszukommen!›» Das ist ein Posten, an dem wir bloss kurz innehalten, bloss kurz uns besinnen wollen. Diese Wegwerf-Idee ist – heute wie damals – nichts zum Nach-Machen, aber doch etwas zum Nach-Denken. In dieser demonstrativen, provokativen Randständigkeit ist allemal nur für ganz wenige Platz, ganz zu schweigen von den gigantischen Entsorgungsproblemen, die eine solche alternative Wegwerfgesellschaft heute unausweichlich aufwürfe.

An dem nächsten, dritten Posten begrüsst uns der lebensfrohe, genussfrohe Epikur mit einer eher praktikablen Glücks-Empfehlung. Da deutet Epikur auf die unendliche Wunschspirale, die von einer Wunscherfindung und -erfüllung zur nächsten aufsteigt, und da macht er sich zum Fürsprecher des vielerlei «Vor-handenen», das wir in Händen haben, gegenüber jeder neuen Wunschidee, die uns ins Auge springt. «Man soll nicht», heisst es da, «die bereits vorhandenen Dinge beleidigen durch das Verlangen nach den noch nicht vorhandenen, sondern sich daran erinnern, dass auch diese jetzt vorhandenen einmal zum sehnlichst Gewünschten gehört haben.» Wenn wir uns das ganz nah herunterholen: Man soll das gute alte Handtäschchen vom letzten Winter nicht beleidigen durch das Liebäugeln mit dem da drüben im Schaufenster, sondern sich daran erinnern, wie man – oder frau – auch mit dem alten einmal sehnlichst geliebäugelt hat. Aber dass wir diesen Epikur recht verstehen: Der Philosoph der Lebensfreude will uns mit seinem Wort nicht den Ausblick auf ein neues Glück verwehren, er will uns nur freundlich daran erinnern, dass das Glück ja schon längst am Arm hängt. Bei mir ist das kein Täschchen, bei mir ist das meine Frau, meine Unica Optima.

Ganz nah dabei, noch vor dem gleichen Schaufenster, auf dem solch ein unauffälliger kleiner Epikur-Aufkleber gar nicht schlecht am Platze wäre, steht unser vierter Posten. Ein halbes Jahrtausend später hat Kaiser Marc Aurel den Epikureischen Appell zur Rückschau auf der Wunschspirale noch einmal zugespitzt. Er schreibt: «Nicht so viel an die noch nicht vorhandenen Dinge denken, wie wenn sie schon vorhanden wären, sondern: von den bereits vorhandenen die meistgebrauchten sich vor Augen stellen und in Hinblick auf sie sich vergegenwärtigen, wie sehnlich sie jetzt gewünscht würden, wenn sie nicht bereits vorhanden wären.» Hat Wilhelm Busch den alten Epikur, hat der weise Spötter aus dem hohen Norden den Kaiser Marc Aurel gekannt? Fast möchte man's meinen, wenn er uns mit diesen Versen anspricht: «Wonach du sehnlich ausgeschaut, / es wurde dir beschieden. / Du triumphierst und jubelst laut: / Jetzt hab ich endlich Frieden! / Ach, Freundchen, rede nicht so wild. / Bezähme deine Zunge. / Ein jeder Wunsch, wenn er erfüllt, / kriegt augenblicklich Junge.»

Unser nächster, fünfter Posten hat gar nicht weit von hier auch einen realen Standort, schräg gegenüber dem Kunsthaus, bei der Turnhalle am Heimplatz. Da ist der schönste Wunschzettel der Stadt in goldgefassten Lettern in Stein geschnitten: «*Sit mens sana in corpore sano*», «Es sei ein gesunder Geist in einem gesunden Leib». Ursprünglich, bei Juvenal, ist es da nicht ums Turnen, sondern ums Beten gegangen. Wir törichten Menschen, erklärt der römische Satiriker, könnten doch nie wissen, welche verlockende Glücksvision am Ende zu unserem

Unglück ausschlage; darum sollten wir unsere Wunschgebete doch nicht auf dieses oder jenes Besondere ausrichten. Einzig um dieses Eine könnten wir Menschen, ohne Risiko zu laufen, zu den Göttern beten, «dass da sei ein gesunder Geist in einem gesunden Leib – *ut sit mens sana in corpore sano»*. Unter den mehr oder weniger risikoträchtigen Geschenkideen, die jetzt allenthalben herumgeboten werden, ist wenigstens eine geradeso risikolos. Sie stammt vom HEKS, dem «Hilfswerk der Evangelischen Kirchen Schweiz», und vielleicht haben Sie diese Idee schon in der Stadt plakatiert gesehen: «Schenken Sie Ihrem Schwiegervater eine Geiss!» Da kommt der Schwiegervater mit dem Schrecken davon – die Geiss geht geradewegs nach Bangladesch.

Vom Danken ist jetzt noch kaum die Rede gewesen – wenn nicht jene Epikureische Rücksicht auf das «Vorhandene» zugleich den Dank für dieses Vorhandene bedeutet. An dem letzten, sechsten Posten unseres kleinen Postenlaufs finden wir fünf Worte aus der feinen Feder und dem Epikureischen Geiste des Römers Horaz. Es ist sozusagen eine Wunsch-Bedingung. Maecenas, der erste Mäzen, hatte dem Dichter ein kleines Landgut draussen vor der Stadt geschenkt, und Horaz dankt dem Freund mit einem Gedicht von städtischem Stress und ländlicher Musse. Er dankt darin auch Merkur, dem Gott des glücklichen Erwerbs, und ehe er den Gott um glückliches Gedeihen für das neu Erworbene bittet, schickt er diese Wunsch-Bedingung voraus: «Wenn das, was da ist, einen Menschen dankbar und glücklich macht.» Er meint: Wenn sich die Wunschspirale nicht immerzu weiter hochschraubt, wenn die Wünsche nicht, kaum erfüllt, augenblicklich wieder Junge kriegen –, dann, ja dann darf einer sich wünschen, dass ihm das, «was da ist», so erhalten bleibe. Es sind fünf Worte einfachstes Latein, die mir seit vielen Jahren zu einem Wunsch-Leitwort geworden sind: «*Si, quod adest, gratum iuvat …*», «Wenn das, was da ist, einen Dankbaren erfreut, einen dankbar und glücklich macht …» – dann, ja dann dürfen wir uns wünschen, dass uns das so erhalten bleibe.

Wenn Sie nachher durch die Bahnhofstrasse gehen, dann wünsche ich Ihnen, dass Ihnen auf Schritt und Tritt imaginäre Sandwich-Männer über den Weg laufen, die Sie an das beglückende Sokratische Einkaufserlebnis auf dem Supermarkt erinnern, und dass Sie an allen Schaufenstern imaginäre Epikur-Aufkleber entdecken, die Sie an das gute alte Handtäschchen an Ihrem Arm denken lassen. Und wenn Ihnen da draussen unversehens eine schwarz-weiss gefleckte Geiss entgegenspringt, denken Sie an Ihren Schwiegervater, legen Sie einen Hunderter hin und nehmen Sie gleich noch den Geissbock für Ihre Schwiegermutter dazu!

Die Zitate: «Es ist Dezember …»: Seneca, Briefe an Lucilius 18, 1 – «Wie viele Dinge gibt es doch, die ich nicht brauche»: Sokrates bei Diogenes Laërtios, Leben und Lehre der Philosophen 2, 25 – Die Wegwerf-Idee des Diogenes: bei Diogenes Laërtios 6, 37 – Die Erinnerung an das «Vorhandene»: Epikur, Vatikanische Spruchsammlung 35; Marc Aurel, Worte an sich selbst 7, 27, 1 – «Sit mens sana in corpore sano»: Juvenal, Satiren 10, 346ff., das geflügelte Wort: 356. Die Turnhalle ist im

Herbst 2015 abgerissen, die Inschriftentafeln sind vorerst eingelagert worden. – «Si, quod adest, gratum iuvat …»: Horaz, Satiren 2, 6, 13

Mit dem Himmelreich ist es wie mit einem Schatz, der im Acker vergraben war; den fand einer und vergrub ihn wieder. Und in seiner Freude geht er hin und verkauft alles, was er hat, und kauft jenen Acker. Matthäus 13,44

Niklaus Peter

Liebe Gemeinde
Wie man die ewige laufende Wunschmaschine in uns drosseln und zähmen könnte, dazu hat Klaus Bartels uns allen eine wunderbare Blüten-Lese oder besser: einen ganzen Früchtekorb mit Lesefrüchten geschenkt – von Sokrates über Diogenes bis zu Juvenal und Horaz. Alles Kurzeinführungen in gute Askese … Denn bei den Griechen und Römern hiess Askese nicht griesgrämige Selbstmarterung, sondern schlicht: Übung, Einübung, Pflege, Selbst-Training. Sich selbst kennenlernen, nicht allen seltsamen Wünschlein nachlaufen, den Blick fürs Ganze bewahren. Ein Fitnessprogramm für das Selbst sozusagen, damit man nicht zum Gefangenen seiner selbst, zum ewigen Heizer der eigenen Wunschdampfmaschine wird … Für diese Gratis-Trainingseinheit wollen wir alle ihm danken; andere

nehmen dafür als *personal coaches* und Berater viel Geld – danke also für dieses Geschenk zu Beginn der adventlichen Wünsche- und Geschenkezeit …

Auch in der hebräischen und griechischen Bibel, im Alten und Neuen Testament, gibt es ähnliche Trainingslektionen. Es sind weisheitliche Texte von den Psalmen, die uns die Dankbarkeit lehren, über die Sprüche und den Prediger Salomonis, die uns den Weg der Weisheit und Gerechtigkeit zeigen, bis hin zu Jesusworten, die all diese Weisheitslinien aufnehmen und zusammenführen. So etwa in dem Wort aus der Bergpredigt:

Was sorgt ihr euch um die Kleidung? Lernt von den Lilien auf dem Feld, wie sie wachsen: Sie arbeiten nicht und spinnen nicht, ich sage euch aber: Selbst Salomo in all seiner Pracht war nicht gekleidet wie eine von ihnen.
(Matthäus 6,28)

Oder aber jene schlichte Frage, die es in sich hat:

Was hilft es dem Menschen, wenn er die ganze Welt gewinnt, dabei aber Schaden nimmt an seiner Seele?
(Matthäus 16,26)

Und doch setzt Jesus auch ganz andere Akzente, die uns auf diese Schenke- und Freudezeit des Advents vorbereiten können. Denn es gibt Worte, mit denen er uns *nicht* auf Masshalte-Pfade und Askese-Wege führt, sondern uns regelrecht auf eine Schatzsuche schickt, uns rät, alle unsere Sehnsuchts- und Wunschkräfte zu bündeln, zu nähren, zu pflegen. Und wie immer bei Jesus sind diese weisheitlichen Reden nicht lange und dürre Argumentationsgänge, sondern kurze und kraftvolle Bildworte und Gleichnisse – wie unser Gleichnis vom vergrabenen, aufgefundenen und dann erworbenen Schatz im Acker. Denn während Argumente einen leisen Zwang ausüben, weil man kritisch nachrechnen und überlegen muss, so regen uns Bilder an, bringen unsere Seele und unsere Phantasie in Fahrt. Sie geben der kleinen Dampfmaschine in unserem Kopf nun eben doch wieder Kohle ... Was wäre denn unser Leben ohne diese nach vorne ziehende Seelenkraft des Wünschens, der Sehnsucht?

Gleichnisse vergleichen, und unser heutiges Gleichnis tut das ganz explizit: es vergleicht das Himmelreich mit einem vergrabenen Schatz! Mit einer Schatztruhe also, die irgendwo in einem Acker schlummert. Und nun erzählt Jesus von Menschen, die für wirkliche Schätze einen Riecher oder schlicht eine kindlich unverdorbene Sehnsucht nach Glück haben – und weckt so unsere Neugier: was liegt denn in dieser Schatztruhe?

Vor gut 35 Jahren habe ich in Basel einen grandiosen Kleintheaterabend mit dem Clown Dimitri erlebt. Ganz andächtig kauerte er vor einer grossen Schatztruhe auf der Bühne, selig erfüllt von all den Wunschgedanken, was da drin sein könnte. Dann, nach einiger Zeit, in der man nur seine wunderbare Mimik sah, all diese grossen und kleinen Wünsche, wie sie sich auf seinem Gesicht spiegelten, erhob er sich, sah ganz kurz in die Truhe und stiess einen innigen Freudenschrei aus, einen veritablen Jauchzer ... – Und wir Zuschauer weiterhin natürlich nur vor dieser Schatztruhe, gwundrig und gespannt, was denn dort drin sein könnte ... Dann blickte Dimitri nochmals kurz hinein, und jetzt sah man ein breites, himmlisches Lächeln. Dann richtete er sich auf und griff hinein, zog irgendetwas Kleines heraus, vielleicht eine Plastiktrompete oder ein Fähnchen, ich weiss gar nicht mehr so genau was – wiederum überselig, jubilierend, jauchzend «Ujujujuu!». Und dann weitere herrliche Minuten lang dieses Minimaltheater, in dem Wünsche und ihre glückliche Erfüllung eine für mich unvergessliche, humoristische Darstellung fanden.

Was aber steckt nun denn in der Schatztruhe unseres Gleichnisses? – Es kann sich ja nicht um Kleinigkeiten handeln, denn der glückliche Entdecker geht stracks hin und verkauft alles, was er hat, um diesen einen Acker mit dem Schatz rechtens zu erwerben (... dieser Mann, so sieht man, kann Prioritäten setzen – können wir das?). Und wer jetzt meint: seltsamerweise heisse es, dass da der Himmel drin sei, der greift etwas zu kurz. Denn für Matthäus heisst «Himmelreich» schlicht und einfach: «Gottesreich», nur vermeidet er eben den Gottesnamen in gut jüdischer Tradition, um diesen niemals zu missbrauchen. So sagt er: *basileia ton ouranon = ha schamajim = Himmel* für Gott. In dieser Schatztruhe ist also das Gottesreich drin, oder noch besser gesagt: das, was aus unserem Leben wird, wenn Gott regiert und mit seiner ganzen Kraft präsent ist.

So handelt dieses Gleichnis also nicht von einem kleinen, sondern eben von einem ganz grossen Wunsch und einer ganz grossen Entdeckung – der Entdeckung von Gottes Präsenz und Herrschaft, der Erfahrung von Gottes Macht, die so anders wirkt als unsere Herren und Mächte wirken. Und so lese ich unser Gleichnis als Fingerzeig: Wenn du diesen Wunsch und Schatz gespürt, entdeckt und auf deinem Lebensacker lokalisiert hast, dann gehe hin, verkaufe alle anderen Erwerbungen und ehemaligen Sehnsüchte, die nun in geronnener Form bei dir herumliegen – geh hin und erwirb genau dieses Stück Lebensland mit diesem Schatz drin.

Es ist das, was mit dem Wort Gnade, auf Lateinisch *gratia*, umschrieben ist: das Gratis-Geschenk einer Gottesnähe, die uns verwandelt; es ist das, was die Adventszeit uns jedes Jahr intensiver lehren will: Gott kommt in diese Welt, anders als wir uns Mächte und Herrscher immer vorstellen. Er kommt als schutzbedürftiges, normales kleines Kind – als ein friedlicher Mensch, dessen Worte Grosses bewirken werden, weil es Worte aus dieser Schatztruhe sind.

Und wenn wir jetzt doch nochmals falsch lesen und sagen: also doch der ganze Himmel ist da drin, dann sagt Jesus: Nein, kein Jumbopack, kein gigantisches Weihnachtsgeschenk für das Guinnessbuch der Rekorde. Nein, denn wenn wir auch die anderen Gottesreichs-Gleichnisse Jesu miteinbeziehen, dann sehen wir: es sind kleine Alltagsspuren des Göttlichen, eine Fülle von Samen und Worten und Taten, die da in dieser Truhe liegen: Wie bei Dimitri sozusagen sind es kleine Sachen – keine Megalo-Projekte: Barmherzigkeit, nicht für alle und jeden, aber dort, wo jemand wirklich unsere Barmherzigkeit und Hilfsbereitschaft braucht wie jener verletzte Ausgeraubte im Gleichnis vom barmherzigen Samaritaner ... Oder das Senfkorn eines guten Wortes, das etwas von Gottes Wirken transparent macht für uns alle. Oder die Gnade und Grosszügigkeit – wie bei jenem Gleichnis von den Arbeitern im Weinberg. Schliesslich: Freude über einen Heimgekehrten, statt Neid und Missgunst, wie beim Gleichnis vom verlorenen Sohn, der zurückfindet …

Es sind fast immer Alltagsgesten, Alltagsaufmerksamkeiten, kleine Münzen der Menschlichkeit, von denen Jesus spricht, wenn er von Gottes Wirken und Gottes Präsenz spricht. All diese Vielfältigkeit des Menschlichen, das scheint in dieser Truhe zu stecken. Aber all dies zusammen ergibt jene eine grosse Erfahrung, die sagt: Gott lebt, er kommt in diese Welt, verwandelt uns, erneuert uns. Wir müssen nur den Mut haben, diesen Schatz zu heben. Und … ja, wenn es drauf ankommt den Mut, die törichten kleinen Begierden zu lassen und alles darauf zu setzen, damit uns dieser Schatz nicht entgeht.

Amen.

Darauf eilte er unverzüglich zur Residenz des Statthalters
und brach die verschlossene Tür mit Gewalt auf.

Augusteischer und christlicher Friede

Sonntag, 7. Dezember 2014

Klaus Bartels

Das Lukas-Evangelium datiert die Geburt Jesu auf die Zeit des Kaisers Augustus. Wir datieren umgekehrt den Herrschaftsantritt des Augustus auf das Jahr 27 «vor Christus» und seinen Tod auf das Jahr 14 «nach Christus», vor jetzt genau zweitausend Jahren. Hätte der römische Senat dem jungen Friedensbringer und Hoffnungsträger damals neben dem Ehrentitel Augustus noch eine neue Jahreszählung gestiftet, dann datierten wir jetzt nicht den Herrschaftsantritt des Augustus auf das Jahr 27 «vor Christus», sondern die Geburt Christi auf das Jahr 27 «nach Augustus».

Das sind nicht nur Zahlenspiele; eine solche Ära markiert eine Epoche, griechisch: *ep-oché*, ein «Inne-halten» und Neubeginnen. Die Augusteische Zeit hat sich zu Recht als eine weltgeschichtliche Epoche verstanden. Nach einem Jahrhundert blutiger Bürgerkriege umfasste das römische Reich den ganzen Kreis der Länder vom Atlantik bis zum Euphrat, vom Rhein bis zum Nil. Erstmals in der Geschichte schien mit diesem wirklichen «Weltreich» ein Ende aller Kriege und damit ein Ende der Geschichte greifbar nahe. Das Hoffnungswort der Zeit hiess *Pax Augusta*, «Augusteischer Friede». Der Dichterprophet Vergil verkündete eine Wiederkehr der mythischen «Goldenen Zeit» und liess den Göttervater Jupiter den Römern eine «Herrschaft ohne Ende» verheissen, und der gegenwartsfrohe Ovid begrüsste in hymnischem Ton die Ankunft, geradezu den «Advent» der Friedensgöttin Pax:

«Stolz mit dem Lorbeer des Sieges bekränzt die geflochtenen Haare, / Friedensgöttin, erschein, wohlgesinnt bleib aller Welt! / Fehlen die Feinde, so fehle nur auch der Grund zu Triumphen: / Du bist den Führern ein Ruhm, herrlicher noch als der Krieg!»

Im Sommer des Jahres 1 vor Christus hatte Augustus seinen Enkel und Erbprinzen Gaius Caesar an den Euphrat geschickt, den Osten des Reiches zu ordnen. Am 1. Januar des Jahres 1 nach Christus, acht Tage nach der Geburt Jesu, feierte dieser Prinz Gaius irgendwo in Syrien, unweit von Bethlehem, den Antritt seines ersten Konsulats. Hätte da ein Engel aus den himmlischen Heerscharen noch einen kleinen Schlenker gemacht und ihm kurz verkündet, von diesem Neujahrstag werde eine neue Ära ausgehen und auf Jahrtausende hinaus fortlaufen – dieser Gaius Caesar hätte ihn gewiss für den Götterboten Merkur gehalten und vermeint, er verheisse ihm eine neue Ära «nach Gaius Caesar». Aber von einer solchen Botschaft an den jungen römischen Konsul ist bei Lukas nichts zu lesen.

Stattdessen berichtet Matthäus von einem Stern, der im Osten aufging und die drei «Sterndeuter» – und später «Könige» – nach Bethlehem geleitete. Der Westen, die Stadt Rom, das «Haupt der Welt», und Augustus, der Herr der Welt, bleibt da ohne Engel, ohne Leitstern, ohne jede frohe Botschaft. Nachdem dann im Jahre 312 n. Chr. Kaiser Konstantin vor den Toren Roms unter dem Zeichen des Kreuzes gesiegt hatte und erst recht, nachdem der Bischof von Rom zu einem ganz besonderen Bischof geworden war, mochte die römische Gemeinde dieses peinliche Kommunikationsdefizit zwischen Bethlehem und Rom so nicht länger hinnehmen. Das Missing Link liess sich finden: Zwei römische Weihnachtslegenden verbanden den lateinischen Westen mit dem Osten und bezogen Rom und Augustus in die Heilsgeschichte ein.

Die ältere Legende berichtet von einem Wunder vor den Toren der Stadt: Im Quartier Trastevere «jenseits des Tibers» sei in der Weihnachtsnacht ein Wasserquell zu einem Ölquell geworden und habe sich den ganzen Tag über mit einem mächtigen Ölstrom in den Tiber ergossen – notabene ist hier nicht an schwarzes, zähes Erdöl, sondern an klarstes, feinstes Olivenöl zu denken. Dazu verweist die Legende auf ein hier erstmals zitiertes «altes Sibyllenwort»: Wenn einst ein Ölquell hervorbreche, werde der Erlöser geboren. Eine Inschrift an den Chorschranken der Kirche S. Maria in Trastevere erinnert an dieses Wunder, sie schliesst mit dem stolzen Satz: «Nach hüben und drüben – West und Ost – ist Rom durch dieses Öl als das Haupt der Welt gesalbt und geweiht.»

Die jüngere Legende berichtet von einer Vision auf dem Kapitol. Das goldene Legendenbuch erzählt sie so: «Als die ganze Welt der römischen Herrschaft unterworfen war, gefiel Augustus den Senatoren so sehr, dass sie ihn als Gott verehren wollten. Doch der kluge Kaiser wollte sich das nicht anmassen. Als sie ihn bedrängten, rief er die Sibylle zu sich; durch sie wollte er erfahren, ob auf der Welt jemals ein Grösserer als er geboren werde. Es war just am Tage der Geburt des Herrn, dass die Sibylle die Orakel befragte. Da erschien am helllichten Tag ein goldener Kreis um die Sonne und mitten darin eine wunderschöne Jungfrau: Die trug einen Knaben im Schoss. Die Sibylle zeigte das dem Kaiser, und während der über diese Vision höchlichst staunte, sagte die Sibylle zu ihm: ‹Dieser Knabe ist grösser als du, und darum bete ihn an!› ... Darauf brachte Augustus diesem Knaben Weihrauch dar und wies das Ansinnen zurück, sich als Gott verehren zu lassen.»

Mit dieser Legende war der Kaiser aus dem Westen den drei Königen aus dem Osten sogar noch zwei Wochen zuvorgekommen. In einem dreiteiligen Altarbild, dem Middelburger Altar, hat Rogier van der Weyden den Kniefall des Kaisers vor dem Knaben am Himmel dem Kniefall der drei Könige vor dem Neugeborenen in der Krippe gegenübergestellt.

Im Jahr 1587 sind der Kaiser und die Krippe einander in Rom noch einmal begegnet. In dem Jahr hat Papst Sixtus V. in der Kirche S. Maria Maggiore auf dem Esquilin den dort verehrten Krippenreliquien eine prächtige Kapelle geweiht und vor ihr den einen der beiden Obelisken vom Grab des Augustus neu aufgestellt. Die Inschriften auf seiner Basis schlagen viermal die Brücke von dem einen zu dem anderen Weltenherrscher. Die erste berichtet von dem jämmerlichen Sturz des Obelisken vor dem Mausolœum des Augustus und seiner «glücklicheren» Wiederaufrichtung vor dieser Krippenkapelle. In der zweiten Inschrift spricht der alte Stein im eigenen Namen und bekennt sich freudig zu seinem neuen Dienst: «Christi, des auf ewig lebenden Gottes, Wiege verehre ich freudigst, der ich dem Grabmal des toten Augustus freudlos so lange gedient habe.»

Auf der dritten Seite erinnert der Obelisk an jene Weihnachtsvision, um sich mit dem letzten Wort dem Kniefall seines alten Herrn vor seinem neuen Herrn anzuschliessen: «Christus den Herrn, welchen Augustus, noch ehe der Knabe von der Jungfrau geboren war, zu seinen Lebzeiten angebetet hat – und ihn selbst fortan noch ‹Herr› zu nennen, verbot er – : Ihn bete ich an.» Der sprechende Stein schliesst mit einer beziehungsreichen Friedensbitte: «Christus möge durch das unbesiegte Kreuz dem Volk seinen Frieden gewähren, er, der im Frieden des Augustus in die Krippe geboren werden wollte.»

Schon in der Spätantike hatte der christliche Historiker Orosius diesen «Frieden des Augustus», die *Pax Augusta* der römischen Legionen, als die Wegbereitung für den Frieden der himmlischen Heerscharen verstanden und die Weltgeschichte in drei Abschnitte unterteilt: einen ersten von der Erschaffung der Welt bis zur Gründung der Stadt Rom, einen zweiten von da bis zur Herrschaft des Augustus und der Geburt Christi, und einen dritten von da bis in seine Gegenwart. Bald darauf, im 6. Jahrhundert, hat man dann angefangen, die Jahre statt von der ersten Epoche, der Gründung Roms, von dem zweiten welt- und heilsgeschichtlichen «Innehalten» und Neubeginnen an zu zählen: Da wurde aus dem Jahr 1285 «nach der Gründung der Stadt» das Jahr 532 «nach der Geburt des Herrn», und so zählen wir seither fort, bis zu diesem jüngsten Advent 2014 nach Christus.

Die Zitate: Die Wiederkehr der «Goldenen Zeit»: Vergil, Hirtengedichte (Bucolica, Eklogen) 4, 4ff.; «Herrschaft ohne Ende»: Vergil, Aeneis 1, 279 – «Stolz mit dem Lorbeer des Sieges bekränzt …»: Ovid, Festkalender (Fasti) 1, 711ff. – Die «Sterndeuter»: Evangelium nach Matthäus 2, 1ff. – Das Ölquellwunder, die Vision der Maria mit dem Knaben: Jacobus de Voragine, Legenda aurea, Die Geburt des Herrn, § 83f. und 91ff. – Die Inschrift in S. Maria in Trastevere: Klaus Bartels, Roms sprechende Steine, 4. Auflage, Mainz 2012, Nr. 13.5 – Rogier van der Weyden, Middelburger Altar (Bladelin-Altar), Berlin, Gemäldegalerie – Die Inschriften am Esquilinischen Obelisken: Roms sprechende Steine, Nr. 10.12 – Orosius, Geschichte 1, 1, 14

Selig, die Frieden stiften – sie werden Söhne und Töchter Gottes genannt werden.　　　　　　　　Matthäus 5,9

Niklaus Peter

Welche Koinzidenz, d.h. Zusammenfall! Sollte man sagen: welcher Zufall? Oder vielleicht doch besser: welch kraftvolle und heikle Spannung zwischen dem augusteisch-römischen Frieden – und der Friedensbotschaft Jesu?! Klaus Bartels hat auf eine eindrückliche Weise beschrieben, wie römische Friedens-Zeit und christliche Friedens-Zeit miteinander verbunden, auf einander bezogen, aber auch gegeneinander abgesetzt wurden – spannungsvoll in mehrfachem Sinne. Im Lukasevangelium ist das sehr deutlich: *Es geschah aber in jenen Tagen, dass ein Erlass ausging vom Kaiser Augustus* – erzählt der Evangelist, und so machen sich Josef und Maria auf nach Bethlehem, der Stadt des königlichen Stammes Davids – weil hier mit Jesus von Nazareth ein Friedenskönig in der Gestalt eines schutzbedürftigen Kindes geboren werden wird. Der dann wie ein normaler Junge aufwächst, später seine Aufgabe, seine Berufung findet – bis es zum Konflikt kommt zwischen ihm und der römischen Macht. Denn es war eine Entscheidung des römischen Statthalters Pontius Pilatus, ihn kreuzigen zu lassen, und es waren römische Soldaten, die das ausführten – und auf dem Schild über dem Kreuz stand: König der Juden.

Das ist die eine Seite dieser Spannung, die andere ist: christliche Mission wäre nicht möglich gewesen ohne dieses grosse, über weite Teile friedliche Reich der Römer, in dem jüdische Gemeinden toleriert, ja oft geachtet, und christliche Missionare daran anknüpfen und ihre so erfolgreiche Mission erfüllen werden. Nicht zufällig endet die Apostelgeschichte des Lukas deshalb, im grossen Erzählbogen von Augustus bis Rom, in dieser Reichs- und Hauptstadt. Aber eben in demselben Rom, wo Paulus und vielleicht auch Petrus umgebracht wurden. Wo bald schon der Konflikt erneut ausbrach – zwischen Christen und dem römischen Staat, dem diese andersartige Friedensbotschaft dann doch zu unheimlich, zu kraftvoll, zu gefährlich schien.

Unser Glaube stützt sich nicht auf grossflächige Geschichtsdeutungen, nicht auf Erfolgsmeldungen und Siege, so wenig er sich durch Konflikte und Misserfolge entmutigen lassen darf. Er vertraut der Botschaft des Weihnachtsengels, dass mit dem Menschen Jesus von Nazareth von Gott her Frieden in die Welt hineingekommen ist. Christlicher Glaube lebt von der Glaubens- und Lebenserfahrung vieler Menschen, deren Kern besagt: Wer sich auf seine Worte, auf seinen Weg, auf seine Liebe und seinen Frieden einlässt, hat selber gute Chancen, innerlich gesund, friedlich und liebevoll zu werden – in Stück menschlichen Glücks und tiefe Seligkeit zu erleben. Denn genau das sagt einer jener Kernsätze, die Jesus gesprochen hat und die in der Bergpredigt gesammelt sind:

Selig, die Frieden stiften – sie werden Söhne und Töchter Gottes genannt werden. (Matthäus 5,9)

Seligpreisungen sind Glückwünsche, auf den ersten Blick überraschende, paradoxe Glückwünsche: Nicht die Durchsetzungsstarken, Selbstzufriedenen, Erfolgreichen werden beglückwünscht, sondern die Armen, Leidtragenden, Sanftmütigen, Barmherzigen, Friedensstifter – jene, die mutig versuchen, Frieden zu stiften. Sie leben jetzt schon etwas, was mit dem Heil und der Heilung Gottes zu tun hat. Wer alles in dieser gewaltvollen Welt für normal, für Realität, die halt eben so ist wie sie ist, für nicht veränderbar hält – der hungert nicht nach Gerechtigkeit, sehnt sich nicht nach einem reinen Herzen, sucht nicht nach Frieden... Wer aber von der Welt geschrammt, vielleicht verletzt worden ist, wer eine tiefe

Sehnsucht nach einer anderen Welt in sich spürt – der wird um dieser göttlichen Sehnsucht willen glücklich gepriesen. Frieden werden solche Menschen nicht zuerst von anderen erwarten, sie wissen, dass sie selbst erste Schritte wagen müssen. Deshalb ist die Übersetzung der Zürcher Bibel besser als die der alten Lutherbibel, nicht: Selig sind die *Friedfertigen*, sondern: Die *Friedensstifter* werden glücklich und selig gepriesen.

Solche Innerlichkeit und Aktion, solche mit einem versöhnenden und vergebenden Gott verbundene Denk- und Glaubensweise scheint den Römern fremd, ja suspekt gewesen zu sein – sie ist aber die grosse Kraft, die von der Weihnachtsgeschichte und von der Passions- und Ostergeschichte ausgeht ... Eine Botschaft, die letztlich die Kraft hatte, in alle Winkel des römischen Reiches vorzudringen, Menschen Hoffnung und Sinn zu geben.

Aber machen wir es uns nicht zu einfach mit der Spannung zwischen römischen Frieden und Christi Frieden: Auch Friedensstifter sind auf funktionierende staatliche Strukturen angewiesen – so wie die christlichen Missionare ohne die *pax romana* nicht so leicht hätten ihren Glauben verkünden und leben, nicht so leicht hätten Gemeinden gründen können, geistliche Samen säen in Köpfe und Herzen von Menschen, jene Zuversicht und Hoffnung auf Gottes friedliche Kraft. Also doch Koinzidenz – und nicht nur Spannung?

Passen wir auf, dass wir aufgrund der so kraftvoll-zarten Innerlichkeit und Friedenssehnsucht der Seligpreisungen nicht moralistisch werden, das Böse, die schlechte Realität, die Konflikte immer nur bei den anderen sehen – und uns selbst für rein halten. Das sind wir nicht. Die Geschichte des Christentums zeigt es auf eine schmerzliche Weise – und wir selbst erfahren uns, wenn wir ehrlich sind, als Menschen von hoher Ambivalenz, geleitet manchmal von einem seltsamen Cocktail von Angst und Hoffnung und Aggression und Verständigungsbereitschaft, höchst ambivalent.

Und: Frieden stiften kann durchaus auch heissen: Konflikte auszuhalten, Konflikte durchzustehen – so wie Jesus Konflikten nicht ausgewichen ist. So wie auch die christlichen Gemeinden nicht allen Konflikten ausweichen konnten. Dann – mitten in Konflikten – noch die Sehnsucht nach Frieden in sich bewahren, in stärksten Auseinandersetzungen noch in einem Teil unseres Gehirns dieses einzige und alleinige Ziel nicht aus den Augen verlieren: Töchter und Söhne Gottes, Gotteskinder zu sein, wie Jesus in dieser Seligpreisung sagt – und nie und nimmer Gotteskrieger.

Frieden stiften heisst nicht: Frieden zu erwarten von anderen, sondern selbst gedanklich, gefühlsmässig, seelisch und intellektuell aktiv zu werden, sich in Gelände vorzuwagen, das heikel sein kann, wo man auch falsch liegen oder wahrgenommen werden kann (Defaitist! Weichling) – als Menschen jedenfalls, die für den Frieden selber etwas aufs Spiel zu setzen bereit sind.

Frieden stiften beginnt nicht weit draussen, sondern ganz nah und ganz innen – bei sich, in der Familie, bei Freundschaften, die plötzlich Risse bekommen und Schaden gelitten haben, in der eigenen Stadt, im Land. Hier etwas zu stiften, wie bei einem Geschenk nicht auf

Deals zu setzen, sondern aus der Gnade zu leben – wer das wagt, dem verheisst Jesu Wort, dass er oder sie zu den Töchtern und Söhnen Gottes gezählt wird.

Amen.

Aber da warf sich Nikolaus in heiligem Zorn
dazwischen, stürzte sich unerschrocken
auf den Henker, riss ihm das Schwert aus der
Hand und schleuderte es weit fort, löste
den Unschuldigen die Fesseln und führte sie
unversehrt mit sich davon.

Zur «Person»

Sonntag, 6. Dezember, Nikolaustag 2015

Klaus Bartels

«Zur Person» heisst das Thema dieser Predigt. Aber an einem Nikolaustag, an dem zwei Nikoläuse sich die Predigt teilen, gebührt dem alten Nikolaus von Myra auch und gerade unter diesem Thema der «Person» das erste Wort – oder in seinem Fall vielmehr: die erste Tat. Ich zitiere nicht die vielzitierte gute Tat, die berichtet, wie der junge Nikolaus noch vor seiner Wahl zum Bischof drei armen Nachbarstöchtern mit nächtlichen Goldklumpenwürfen zu einer Mitgift und damit zu einer anständigen Heirat verhilft, sondern ein dramatisches Gegenstück. Da bewährt der Bischof von Myra – an der türkischen Südküste, nahe Antalya – unerschrockene Tatkraft:

Als widrige Winde eine römische Kriegsflotte – wir sind im 4. Jahrhundert – wochenlang im Hafen von Myra festhalten und die Schiffsmannschaften weiterum die Märkte leerräumen, ohne zu zahlen, lädt Nikolaus die Flottenchefs zu sich zu Tisch; er will sie dafür gewinnen, den wüsten Plündereien ihrer Seesoldaten ein Ende zu setzen. Während dieses heiklen Essens wird dem Bischof hinterbracht, der korrupte römische Statthalter nutze die Gelegenheit, drei unschuldig Verurteilte enthaupten zu lassen. Und nun wörtlich: «Als Nikolaus das hört, fordert er die drei Feldherrn auf, ihn eilends auf den Richtplatz zu begleiten. Dort findet er die Unglücklichen, wie sie bereits mit gebeugtem Knie und verhülltem Haupt den Tod erwarten und der Scharfrichter sein Schwert über ihren Köpfen durch die Luft kreisen lässt. Aber da wirft sich Nikolaus in heiligem Zorn dazwischen, stürzt sich auf den Henker, reisst ihm das Schwert aus der Hand und schleudert es weit fort, löst den Unschuldigen die Fesseln und führt sie unversehrt mit sich davon.»

Heiligenlegenden sind vielfach Wunder-Legenden; die Nikolauslegenden sind vielmehr Tat-Legenden. In ihnen begegnet uns ein Bischof mit Zivilcourage: einer, der auf diesem Richtplatz kurzentschlossen, unerschrocken *in persona*, «in Person», handgreiflich dazwischengeht; einer, der in einem tosenden Seesturm wieder «in Person» auftritt und mit eigener Hand in der Takelage zupackt; einer, der dem Kaiser, als der wiederum drei Unschuldige hinrichten lassen will, «in Person» im Traum erscheint und ihm die fürchterlichsten Strafen androht – um am Ende diesen Auftritt cool wie James Bond zu signieren: «Mein Name ist Nikolaus, Nikolaus von Myra».

Dieses «in Person» ist so etwas wie das «persönliche» Kennzeichen des Bischofs von Myra, und diese lateinische *persona* ist zugleich das Stichwort für unsere nikoläusische Adventspredigt. Es lohnt, dieses Wort zum Sprechen zu bringen. Eine Beischrift in einer toskanischen Grabkammer verweist auf einen etruskischen Hintergrund. Da steht das Wort *phersu, persu* in einem Wandgemälde neben zwei Maskenträgern, und dazu passt die Ursprungsbedeutung einer tragischen oder komischen Theatermaske, in der die *persona* im klassischen Latein ins Licht der Wortgeschichte eingetreten ist. In einer naheliegenden Übertragung von der Maske auf den sprechenden, handelnden Akteur dahinter bezeichnete das Wort dann bald auch die besondere «Rolle» oder eben die «Person», die der Schauspieler da jeweils spielt – in einer Tragödie oder einer Komödie, oder in dem fröhlichernsten Weihnachtstheater, in dem hier im Fraumünster jüngst die «Zeit», die «Lebensfreude» und die «Liebe» in diesem Sinne «persönlich» aufgetreten sind. Mit dieser ersten Übertragung des Wortes sprechen wir ja bis heute von den «Personen» eines Dramas.

Ein griechisches Sprichwort nennt «die Welt eine Bühne, das Leben einen Auftritt». Die Welt eine Theaterbühne, das Menschenleben ein Theaterauftritt: Dieses sprichwörtliche Bild hat dann noch zu einer weiteren Übertragung des Wortes geführt, von den vielerlei Theaterrollen auf die vielerlei Lebensrollen oder eben wieder «Personen», die wir alle nun auch ohne Maske zeitlebens, alltäglich voreinander, miteinander spielen. Bei Cicero heisst es einmal, wer über einen Freund urteilen solle, müsse «die *persona* – die Rolle – eines Freundes ablegen und dafür die *persona* – die Rolle – eines Richters annehmen». Im Sinne dieses sprichwörtlichen Bildes «die Welt eine Bühne, das Leben ein Auftritt» sind wir allesamt solche «Personen» – wenn nicht Maskenträger, so doch Rollenträger in dem grossen Welttheater unseres Menschenlebens, spielen wir allesamt unsere je besonderen «Personen» – und indem wir sie spielen, sind wir allesamt diese je besonderen «Personen».

Seitdem ist das Bild der «Maske» und der «Rolle» in diesem Wort «Person» vollends verblasst. Aber manchmal begegnet das Wort seiner Geschichte. So, wenn in einer Liftkabine die drei oder vier da auf ein paar Stockwerkslängen eng Zusammenstehenden unverwandt aneinander vorbeischauen und vorbeischweigen und eine Plakette zu ihren Häupten vermerkt, dass dieser Lift für maximal sechs «Personen», sechs «Masken», zugelassen ist. Und jüngst sind die geschlechtslosen Amts-«Personen» paradoxerweise zu unpersönlichen Maskenträgern geworden: Hinter der Maske dieser politisch so korrekten Lehr- und Pfarr-«Personen» schaut kein Zipfel eines freundlichen Frauen- oder Mannsgesichtes mehr hervor.

In dieser doppelt übertragenen Bedeutung hat der Bischof von Myra auch bildhaft *in persona*, «in Person», auf jener Richtstätte eingegriffen: in seiner besonderen Lebensrolle eines tatkräftigen Beschützers der unschuldig Verfolgten, eines frühen Vorläufers von Amnesty International. In einer anderen Legende begegnet er uns in der gleichen bischöflichen Rolle eines zupackenden Helfers in der Not – und zugleich in der ganz unbischöflichen Rolle eines Hochseeseglers:

Verzweifelte Seeleute, lesen wir da, hätten in einem tosenden Seesturm vor der Küste von Myra den Bischof zu Hilfe gerufen. Sie hatten wohl erwartet, er werde den Winden mit einer Wundergeste Einhalt gebieten, die hochgehenden Wogen mit einem Machtwort sich legen lassen. Aber da sei dieser Nikolaus plötzlich wie selbstverständlich leibhaftig, in Person, auf dem Schiff erschienen, und als sie erschraken und vor ihm zurückwichen, habe er ihnen zugerufen: «Also da bin ich jetzt: Ihr habt mich doch selbst gerufen!» Dann sei er mit irrwitziger Geschwindigkeit in der Takelage hinauf und herunter und wieder hinauf und herunter, hinüber und herüber und wieder hinüber und herüber geklettert und habe nach allen Regeln der Kunst die vielerlei Segel im Wechsel gerefft und gesetzt und wieder gerefft und gesetzt, bis alle vier losgelassenen Winde vor seinen bischöflichen Segelkünsten kapitulierten; und mit dem Ende des Seesturms sei dieser allgegenwärtige Nikolaus so plötzlich, wie er erschienen war, wieder verschwunden gewesen.

Das ist wiederum keine Wunder-, sondern eine Tat-Legende. Der Bischof wollte den Seeleuten wohl zeigen: Wenn sie nur, statt verzweifelt an seine heiligen Wunderkräfte zu appellieren, selbst in ihrer *persona*, so wie er selbst in seiner *persona*, beherzt das Menschenmögliche versucht hätten, wäre es ja vielleicht auch ohne ihn gegangen.

Auf verschiedenen Wegen ist die «Person» aus dem altrömischen Theater in die Gegenwart gekommen: auf dem vorher nachgezeichneten Hauptweg über das grosse Welttheater unseres Menschenlebens, auf einem Nebenweg über die drei grammatischen «Personen», wo das sprechende Ich und das angesprochene Du auf der Bühne von dem Er, Sie und Es hinter den Kulissen sprechen, auf einem weiteren Nebenweg über das römische Recht, wo die natürlichen und juristischen «Personen» sich vor den Schranken, auf der Bühne des Gerichts ja auch in ihren je verschiedenen rechtlichen Rollen, etwa als Schuldner und Gläubiger, gegenüberstehen, und schliesslich seit dem Mittelalter über die Theologie und die drei besonderen und doch dreieinigen Personen Gottes: Vater, Sohn und Heiliger Geist. Im Mittelhochdeutschen begegnet das Wort *persone* oder auch schon kurz *person* vorzüglich in diesem theologischen Bezug. Aber hier ist der Punkt, an dem ich mir zurufen muss: Schuster, bleib bei deinem Leisten!, der Punkt, an dem die Magd, die Philologie, ihre Rolle gespielt hat und ihrer Herrin, der Theologie, das nun vollends adventliche Stichwort von den drei Personen Gottes geben darf.

Die Zitate: Die Nikolaus-Legenden: Jacobus de Voragine, Legenda aurea, Über den heiligen Nikolaus, die Goldklumpenwürfe: § 18ff.; die Szene auf dem Richtplatz und die Traumerscheinungen am Kaiserhof: § 67ff.; die Segelkünste im Seesturm: § 39ff. – «Die Welt eine Bühne, das Leben ein Auftritt»: Apostolios, Sprichwortsammlung 12, 58, in: Leutsch-Schneidewin, Paroemiographi Graeci, Band II, Seite 556 – Die persona des Freundes, des Richters: Cicero, Über die Pflichten (De officiis) 3, 43

Und das Wort, der Logos, wurde Fleisch und wohnte unter uns und wir schauten seine Herrlichkeit.　Johannes 1,14

Niklaus Peter

Liebe Gemeinde

«Die Welt [ist] eine Bühne, das Leben ein Auftritt», so ein griechisches Sprichwort, das Klaus Bartels uns in Erinnerung gerufen hat. Was könnte das christlich heissen? Johannes, der philosophischste und gewissermassen griechischste unter den vier Evangelisten, hat diesen Gedanken zum Anlass genommen und die Kernaussage des christlichen Glaubens, dass Gott Mensch wurde, folgendermassen formuliert: Gott hat sich auf seiner Weltbühne in der *Person* des Jesus von Nazareth *in Szene gesetzt* – er hat sozusagen höchst persönlich dargestellt, was Menschsein und Menschlichkeit heisst.

Und sollten Sie jetzt denken, dass das nun wieder so eine Predigtidee des Pfarrers im lockeren Anschluss an Klaus Bartels sei, weil dieser so eindrücklich entfaltet hat, wie das antike Nachdenken über Rollen im Theater und im Leben mit dem lateinischen Begriff Person verbunden ist, so irren Sie. Denn Johannes schreibt im Prolog seines Evangeliums, dass Gottes Logos nicht nur von Anfang an in dieser Welt präsent war und sie gewissermassen erhellt – *Am Anfang war das Wort* – sondern dass er in der Gestalt, im Wort und im Leben eines Menschen erschienen ist: *das Wort ward Fleisch und wohnte unter uns.*

Nun kann man dieses Wort «wohnte», griechisch *eskénôsen*, von der *skéne*, dem Zelt, das da drinsteckt, entweder so übersetzen: *Gott schlug sein Zelt auf unter uns* – und dann eben sagen: *er wohnte unter uns.* Oder man kann, und das mit ausdrücklicher Zustimmung des Gräzisten Klaus Bartels, auch übersetzen: *Gott hat sich in Szene gesetzt.* Und das wiederum ist ein radikaler Gedanke, und es ist das, was das Schönste an der Weihnachtsgeschichte ist: Die Botschaft, dass Gott sich ganz klein gemacht hat, dass er in diesem friedlichen, liebevollen, energischen aber auch versöhnlichen Propheten aus Nazareth sich offenbart hat, *persönlich* sozusagen in diese Welt gekommen ist: Geboren als ein Kind, wie wir alle einmal kleine, schutzlose Kleinkinder waren, mit einer Jugend, an der seine Eltern vermutlich nicht immer Freude hatten, mit einem Leben, das so heilsam wirkte für viele Menschen damals, und einem Weg ins Leiden hinein und bis zum Kreuz – und da sieht man: ein Lebens-Drama, das Drama eines Unschuldigen, der Frieden bringen will und auf die Gewalt dieser Welt stösst. Karfreitag heisst: die Mächte dieser Welt scheinen zu siegen. Am Ostermorgen aber wird klar: Gott hat diese Gewalt und Gottlosigkeit überwunden. So könnte man mit Johannes wirklich sagen: Gott betritt als Persona, als Protagonist die Theaterbühne dieser Welt, in einem Menschenleben spielt er das Drama des Menschseins.

Gott stellt Menschlichkeit dar, denn gutes Theater ist nicht irgend so eine Spielerei, sondern wahrhaftige Darstellung – so intensiv, dass wir realisieren: das ist der Massstab des Menschlichen. Und so ging es vielen Menschen mit Jesus, dass ihr Leben verändert wurde, weil sie nicht nur einem Prediger, sondern einem Menschen begegnet sind, der – wie soll man es ausdrücken? – transparent wurde für Gottes Liebe. Und deshalb sagten sie: Er ist der wirkliche Sohn Gottes. Aber eben dies in seiner Demut, in seiner heilenden, nicht zerstörenden Kraft, in seiner wirklichen Menschlichkeit. Ja, diese Ausstrahlung muss so intensiv und eindrücklich gewesen sein, dass Pilatus nach der Auspeitschung Jesu vielleicht spöttisch, aber vermutlich im Stillen beeindruckt und erschüttert sagte: *Ecce Homo*! Siehe da, diese Gestalt des Menschen – siehe da, den Menschen selbst!

Es ist ein radikaler Glaube, dass Gott konkret in einem Menschen – nicht nur in einer Idee, einem Gedanken, einem Naturereignis oder was weiss ich – sondern *persönlich* in einem Menschen in diese Welt gekommen ist; dass er sich aktiv in Szene gesetzt hat auf dieser grösstmöglichen Bühne – der realen Welt. Und deshalb hat die Theologie später Denkmodelle entwickeln müssen wie die Lehre von der Trinität – der Dreieinigkeit. Gewiss, ein Denkmodell, aber eines, das zu benennen versucht, was die entscheidend christliche, radikale Gotteserfahrung ist: Gott als Schöpfer, aber Gott eben auch in der Gestalt eines konkreten Menschen, und Gott als Geist, der uns einbezieht, anspricht, beteiligt, zu einer Gemeinde macht. Christliche Gemeinde zu sein hiesse dann, in diesem ernsten und fröhlichen, oft traurigen und dramatischen, aber auch versöhnlichen Welt-Theater ein besonderes Schauspielensemble zu sein – eines, das mitspielt, das weiss, worum es bei diesem Spiel Gottes geht: nämlich nicht um Macht und Verdrängen, um Geld und Ruhm, sondern um das Mittun, Mitsprechen, Mitfühlen und Mitspielen in diesem Stück des Lebens, in dem ein Wort das wichtigste ist: nämlich Liebe. Mitspieler sein als Christengemeinde würde dann heissen, dass wir uns nicht nobel draussen halten, sondern uns engagieren, so wie Schauspieler eben ein Engagement haben.

Spielen wir mit, liebe Gemeinde, sind wir überzeugende Charakterdarsteller, wenn's ums Menschliche geht? Sind wir auch glaubwürdig im Protest, wenn Menschlichkeit verletzt wird? Sind wir bereit, *in persona* aktiv zu werden (wie Nikolaus von Myra), wenn es zu Verwerfungen in unseren Gesellschaften kommt? Werden wir persönlich dann präsent sein, auch Konflikte mit möglichst friedlichen Mitteln zu regeln versuchen, wie das Jesus stets gemacht hat? Wagen wir es doch, etwas von der menschlichen Tatkraft, dem menschlichen Engagements des alten Nikolaus zum Vorbild zu nehmen.

Amen.

mit Hörnern = Knecht Ruprecht
ohne Hörner = Schmutzli
mit oder ohne Mitra = Nikolaus

Gottesfreundschaften

Sonntag, 4. Dezember 2016

Klaus Bartels

Vor einem Jahr, am Nikolaustag, hat Niklaus Peter mich gefragt: Kennt die griechische Religion, kennt der griechische Mythos so etwas wie Freundschaft zwischen Gott und Mensch, Unsterblichen und Sterblichen? Ja, «so etwas wie» Freundschaft gibt es: Nicht im Sinne des alten Sprichworts, das den wahren Freund geradezu als ein «zweites Ich» versteht, wohl aber im Sinne von vielerlei Freundschaftszeichen und Freundesdiensten. Ein bildhaftes griechisches Wort wird da zum Schlüsselwort; *par-hístasthai*, wortwörtlich: «sich neben einen stellen», einem «beistehen, Beistand leisten».

Ein griechisches Vasenbild stellt uns diesen Götter-«Beistand» vor Augen: Da sehen wir Herakles mit blossen Händen mit dem Löwen von Nemea kämpfen und die mit Speer, Helm und Schild gerüstete Göttin Athene neben ihm stehen, ihm «beistehen». Nicht, dass die Schutzgöttin in dem Ringkampf handgreiflich mit zupackte, nicht einmal, dass sie ihrem Schützling ihre Gegenwart zu erkennen gäbe; sie leistet nichts als eben stillen «Beistand», und ihre göttliche Kraft scheint von ihrer ausgestreckten Hand auf den schwer Kämpfenden überzugehen. Die Botschaft des Bildes ist: Mit ihrem Beistand kann der Mensch den Löwen bezwingen.

Am Anfang der «Ilias» hat Homer diesem Götterbeistand szenische Gestalt gegeben. Im Streit um eine Ehrengabe sind der Heerführer der Griechen vor Troja Agamemnon und der junge Vorkämpfer Achilleus in der Heeresversammlung scharf aneinander geraten. Der Wortstreit eskaliert; von Agamemnon aufs Äusserste herausgefordert, zieht Achilleus das Schwert. Da lesen wir: «Und während er schon aus der Scheide zog das grosse Schwert, kam Athene vom Olymp herab. ... Und sie trat hinter Achilleus, und bei der blonden Mähne ergriff sie ihn, ihm allein sichtbar, sonst sah sie keiner. Und Achilleus erstarrte und wandte sich um, und sogleich erkannte er die Göttin Athene, und schrecklich erstrahlten ihm ihre Augen.» Athene mahnt ihn: «Gekommen bin ich vom Olymp herab, Einhalt zu gebieten deinem Ungestüm, wenn du mir folgen wolltest. Mich schickt die Göttin Hera, die euch beide zugleich liebt und sich um euch sorgt.» Und Achilleus folgt der Göttin und stösst das Schwert in die Scheide zurück, und während unter den Menschen der Wortstreit sich fortsetzt, kehrt die Göttin zurück auf den Olymp.

Da hat Homer in die laute Streitszene vor der Heeresversammlung eine stille Zwiesprache zwischen Gott und Mensch eingeblendet. Keiner ausser Achilleus hat Athene kommen, sprechen und gehen sehen. Wir könnten sagen: diese kurze Szene spielt in der Seele des Achilleus; wir könnten sagen: Achilleus hat sich beherrscht, er selbst hat sich selbst beherrscht. Bei Homer liest sich das Geschehen anders: Die Göttin Hera hat den Streit im Heerlager sozusagen in Echtzeit verfolgt; in Liebe und

Sorge um die Streitenden schickt sie Athene herab, dem in seiner Ehre verletzten Achilleus gegen seinen aufflammenden Jähzorn Beistand zu leisten, und der fügt sich der Mahnung.

Nicht immer, eher selten sind die olympischen Götter so augenblicklich und so offenkundig mit ihrem Beistand dabei. Eine Götterfreundschaft der ganz besonderen Art, zwischen ebendieser klugen, «eulenäugigen» Göttin Athene und dem klugen, «listenreichen» Odysseus, hat Homer in der «Odyssee» gestaltet. Zehn Jahre dauert die Irrfahrt des vom Zorn des Meergotts Poseidon verfolgten Odysseus. Erst im zehnten Jahr macht sich seine Schutzgöttin Athene in der Götterversammlung zur Fürsprecherin des weitab Verschlagenen. «Mir ist um Odysseus, den unglückseligen, das Herz zerrissen», ruft sie, und weiter, zu ihrem Vater Zeus gewendet: «Kehrt sich um seinetwillen nicht auch dir, Zeus, das Herz um?»

Die Götter beschliessen darauf die Heimkehr des Odysseus nach Ithaka. Als der zürnende Poseidon zuletzt noch das Floss des Odysseus zerschlagen hat, sendet Athene dem verzweifelt Schwimmenden einen rettenden Nordwind zu und lässt ihn am dritten Tag an den Strand der Phäaken gelangen; sie schickt ihm die Königstochter Nausikaa entgegen, und sie sorgt dafür, dass die Phäaken ihn gastlich aufnehmen und alsbald nach Ithaka heimgeleiten. Doch bei all dem tritt Athene ihrem Schützling niemals gegenüber; ihr vielfältig rettendes Wirken bleibt Odysseus verborgen. Zu einer leibhaftigen Begegnung der Schutzgöttin mit ihrem Schützling kommt es dann erst am Strand von Ithaka, in einer kühn gestalteten Szene.

Odysseus ist auf dem Schiff der Phäaken in Schlaf versunken. Die Ruderer haben den tief Schlafenden am Strand von Ithaka niedergelegt und ihn dort allein zurückgelassen. Als Odysseus erwacht, erkennt er seine Heimat nicht und wähnt sich aufs Neue in die Fremde verschlagen. Während er noch jammert und klagt, tritt Athene inkognito in der Gestalt eines vornehmen jungen Mannes auf ihn zu und nennt ihm schliesslich den Namen der Insel: Ithaka. Misstrauisch und «listenreich», wie er ist, lässt Odysseus sich den Jubel des nun endlich, endlich Heimgekehrten nicht anmerken, sondern legt sich zunächst auch seinerseits ein Inkognito zu, eine lange Lügengeschichte von Totschlag und Flucht. Und seine Schutzgöttin hört sich diese tolle Lebenslegende stillvergnügt an, um sich schliesslich zu einer sehr besonderen Götterfreundschaft zu bekennen:

«Da lächelte die Göttin, die helläugige Athene, und streichelte ihn mit der Hand und glich nun an Gestalt einer Frau, einer schönen und grossen, und sagte: ‹Klug müsste der und diebisch sein, der dich übertreffen wollte in allen Listen, und träte auch ein Gott dir gegenüber! Du Schlimmer, Gedankenbunter, Unersättlicher an Listen! So wolltest du denn nicht einmal, wo du doch in deinem eigenen Lande bist, aufhören mit den Betrügereien und mit den Reden, den diebischen, die dir von Grund auf eigen sind? Doch auf, reden wir nicht mehr davon, die wir doch beide die Listen kennen! Da du unter den Sterblichen allesamt der weitaus Beste bist an

Rat und Worten, ich aber unter allen Göttern berühmt durch Klugheit bin und Listen. Und doch erkanntest du nicht die Göttin Athene, die Tochter des Zeus, die ich dir doch immer in allen Mühsalen zur Seite stehe und über dich wache?»

Es ist, nach zehn Jahren der Irrfahrt, die erste Begegnung des Irrfahrers mit seiner Schutzgöttin. In doppelter Verstellung sind sie aufeinander zugegangen: sie in Gestalt und Gewand eines jungen Inselbewohners, er mit der Lebenslegende eines flüchtigen Totschlägers. Und wie sie lächelnd ihr Inkognito lüftet und ihn schalkhaft anspricht, da tritt aus den Rollen von Schutzgöttin und Schützling eine nahe Geistes- und Wesensverwandtschaft hervor: da gerät diese Begrüssung am Ziel der Irrfahrt zu einer Art Freundschaftserklärung, fast, fast im Sinne jenes Sprichworts von einem «zweiten Ich»: «Da du unter den Sterblichen allgesamt der weitaus Beste bist an Rat und Worten, ich aber unter allen Göttern berühmt durch Klugheit bin und Listen».

Das erste Wort, das Odysseus an die Göttin in ihrer wahren Gestalt richtet, geht über diese Nähe hinweg und deutet nun wieder auf die Ferne zwischen Mensch und Gott: «Das weiss ich noch gut: dass du mir immer zugetan gewesen bist, solange wir Griechen vor Troja kämpften. Aber dann, als wir die Stadt zerstört hatten und abzogen und ein Seesturm unsere Flotte zerstreute – seit der Zeit habe ich dich nicht mehr gesehen, Tochter des Zeus, und nicht wahrgenommen, dass du auf mein Schiff gestiegen wärest und mir meinen Schmerz abgewehrt hättest. Nein – immerfort ein zerrissenes Herz in

meinem Innern hegend, bin ich seither all die Zeit um-
hergetrieben ...» Wo warst du – das ist hier die Frage –,
wo warst du, als der Seesturm mein Schiff und alle meine Gefährten verschlang und mich an den Rand der Welt
verschlug? Wo warst du, als Poseidon mein Floss zer-
schlug und ich zwei Tage und Nächte lang verzweifelt
im Meer trieb?

Götternähe und Götterferne liegen in dieser Götterfreundschaft nahe beieinander. Da mag die Göttin noch
so sehr beteuern, sie habe Odysseus in seinem Unglück
doch niemals verlassen können, weil er – wie sie – doch
so «verständig», so «geistesschnell» und so «einsichts-
voll» sei; da mag sie noch so sehr versichern, sie habe
nie daran gezweifelt, sondern immer gewusst, dass er
nach allen Irrsalen am Ende doch glücklich heimkehren
werde; da mag Athene ihm jetzt in Ithaka noch so klug
und hilfreich Beistand leisten bei der Heimkehr in sein
Haus und seine Ehe – da bleibt dann doch eine tiefe Kluft
bestehen zwischen der Nähe, die diese eulenkluge Göttin da oben auf dem Olymp für den geistesverwandten
«listenreichen» Heros da unten auf der Erde empfindet,
und der Götterferne, die den so lange seinem Elend über-
lassenen Irrfahrer am Beistand seiner Schutzgöttin hatte
verzweifeln lassen.

Die Zitate: Athene und Achilleus: Homer, Ilias 1, 188ff. – Athene in der
Götterversammlung: Homer, Odyssee 1, 44ff. – Odysseus und Athene
am Strand von Ithaka: Odyssee 13, 187ff. (Die Homer-Zitate nach der
Übersetzung von Wolfgang Schadewaldt)

Ich nenne euch nicht mehr Knechte, denn der Knecht weiss nicht, was sein Herr tut. Euch aber habe ich Freunde genannt, weil ich euch alles kundgetan habe, was ich von meinem Vater gehört habe. Johannes 15,15

Niklaus Peter

Liebe Gemeinde
Gottesnähe – aber auch Gottesferne! – das sind gute Stichworte, die Klaus Bartels uns beim Nachdenken über jenes grosse Wort «Freundschaft», ja sogar «Gottesfreundschaft» zuspielt – es sind beides Erfahrungen, die wir alle machen. Denn Freundschaft heisst, nicht allein zu sein, nicht allein gelassen zu werden, Beistand zu erfahren, heisst manchmal: um diese Nähe zu ringen, heisst schliesslich auch: beizustehen, wenn's dem anderen nicht gut geht.

Kann man dieses Wort auf Gott beziehen? – auf jenen einen, sich offenbarenden, weltschöpferischen, geheimnisvoll und unendlich überlegenen, richtenden, aber auch versöhnenden Gott? Erstaunlich, dass genau dieses Wort in der Bibel an zentralen Stellen auftaucht – dort, wo Abraham aufgrund seines Vertrauens/Glaubens «ein Freund Gottes» genannt wird (Jes 41,8, Jak. 2,23), dort, wo Gott mit Mose «von Angesicht zu Angesicht», so «wie ein Mensch mit einem anderen» redet (Ex 33,11) –

Luther übersetzt schöner: «wie ein Mann mit seinem Freunde redet»:

Erstaunlich! – *nach* der Geschichte mit dem goldenen Kalb und *vor* dem Bundesschluss und den feierlich-«neuen» Tafeln mit den Zehn Geboten, dieses Wort: *wie mit seinem Freunde.* Im Kern bedeutet es, dass der biblische Gott keine unpersönliche Energie, kein Welträtsel, kein gesichtsloses Fatum ist, sondern ein wohlwollendes, freundliches Gegenüber, eines, das sein Gesicht, wie es im aaronitischen Segen heisst, uns zuwendet, uns anspricht – uns zuspricht, manchmal auch: uns widerspricht. Wir stossen hier auf einen Grundzug unseres Glaubens, einen emotionalen und radikalen Grundzug: Gott ist Person, und Gottesbeziehung heisst – Vertrauen, was eigentlich die zentrale Kategorie im Wörterbuch der Freundschaft ist: einer, dem du vertrauen kannst, vertrauen darfst, einer, der deine Wege mitgeht, mit dem du zusammen deine Wege gehst.

Ist das nicht vermessen? Ist das nicht gefährlich, so zu sprechen? Ist die Kehrseite davon nicht, dass man dann, wenn Schwierigkeiten kommen, statt der Nähe die Ferne, die Gottesferne, nur umso radikaler erlebt? Es ist die Geschichte Hiobs, auch die Geschichte Christi. Beide gehören dazu, beide enden aber nicht in Verzweiflung, sondern in der Erfahrung erneuter Zuwendung.

Und nun spricht das Johannesevangelium also an jener zentralen Stelle im Kapitel 15 in den Abschiedsreden Jesu davon, dass dieser Mensch, der mit dem Wort Logos, mit dem menschgewordenen Wort Gottes identifiziert wird, seine Jünger und Jüngerinnen – uns – «Freunde» nennt:

«Ich nenne euch nicht mehr Knechte, denn der Knecht weiss nicht, was sein Herr tut. Euch aber habe ich Freunde genannt, weil ich euch alles kundgetan habe, was ich von meinem Vater gehört habe.»

Im Gegensatz zu aller Rede von Gott dem Herrscher, dem Absoluten, dem Allmächtigen, Unzugänglichen war dies ein erster Schritt, von Gott als «Vater» zu sprechen. Und ja, wenn wir die Bibel mit ihren Bildern ernst nehmen, so kommt zum Väterlichen das Mütterliche hinzu: Gott als jemand, dem man nicht ängstlich und knechtisch und verzagt gehorchen muss, einfach aus Angst, sondern Gott als einer, dem wir wie Kinder verbunden sind.

Johannes geht in einem zweiten Schritt darüber hinaus: Freunde nennt er uns, weil er von Gottes Offenheit sprechen kann – sie wird in den Johannesbriefen zusammengefasst im Wort: Gott ist die Liebe.

Also keine Angst, keine Knechtschaft, kein Glaube, der mir autoritär Dinge aufzwingt, die ich glauben *muss* – sondern Vertrauen, Zuwendung: Wenn du dich drauf einlässt, wirst du spüren, realisieren, wahrnehmen: Gott ist kein unnahbares Weltgesetz, kein grausamer Weltdiktator, er ist unser Gegenüber, der uns anspricht. Gott ist die Liebe.

Jesus sagt diese Worte von der Gottes-Freundschaft in einem Moment, wo er seine Jünger darauf vorbereitet, dass er auf die dunkle Wegstrecke der Passion gehen muss. Die Rede von Gottes Liebe ist also nicht eine etwas naive, rosarote Sicht auf die Welt – Jesus weiss um die Konflikte, die Ungerechtigkeiten, das Leid, das wir uns antun – aber er spricht von einem Gott, der seinen Weg der Liebe, des Vertrauens, der Versöhnung mitgeht – durch das Dunkle hindurch zu neuem Leben.

Was für eine wunderbare Botschaft, liebe Gemeinde! Glauben wir, und das heisst: vertrauen wir darauf, dass diesen Worten eine Wahrheit entspricht, die in Gott gründet?

Es ist dies die Weihnachtsbotschaft: Gott kommt in diese (oftmals dunkle) Welt hinein, wird selber menschlich, damit wir diese Grammatik, diese Grundzüge guter Menschlichkeit wahrnehmen, in seinen Worten, aufgrund seiner Weise, wie er anderen Menschen begegnet, etwas von dieser Menschenfreundlichkeit Gottes in unsere Beziehungen, in unsere Ehen, unsere Freundschaften, ja auch in unsere Konflikte übersetzen. Damit nicht Tod und Verzweiflung, sondern Liebe und neues Leben entstehen kann.

Und wie Freunde sich freuen, wenn dem anderen etwas gelingt, wenn man Worte hört, von denen man sagen kann: Ja, so etwa würde ich das auch sagen – so sollten wir uns freuen, wenn wir Geschichten von Gottes- oder Götterfreundschaften aus dem alten Griechenland hören, die Klaus Bartels uns nahegebracht hat: Wie bewegend, dass diese Gotteserfahrungen irgendwie «Familienähnlichkeiten» zeigen – mich jedenfalls stimmt das hoffnungsvoll, adventlich.

Amen.

Wir lesen da weiter, der heilige Nikolaus
sei in einem marmornen Grab bestattet
worden, und zu Häupten seines Grabes sei
bald darauf ein fort und fort strömender
heilkräftiger Ölquell ... entsprungen.

Niklaus Peter

Nachwort

Es muss im Spätsommer des Jahres 2009 gewesen sein, als Klaus Bartels mich anfragte, ob ich die Einführung zu einem seiner Vorträge übernehmen würde: Am St. Nikolaustag, der auf einen Sonntag fiel, wolle er über die Gestalt des historischen Nikolaus von Myra sprechen. Sepp Wimmer, der grosszügige Wirt des «Zunfthauses zur Waag», stelle seinen Zunftsaal unentgeltlich zur Verfügung und spendiere sogar einen Apéritif. Alles durch Eintritte erzielte Geld komme der «Winterhilfe» Stadt Zürich zugute. Da ich im ehrenamtlichen Vorstand dieses Hilfswerks sass, sagte ich sofort zu – und fragte Klaus Bartels, ob nicht er im Gegenzug mit mir zusammen am nämlichen Sonntag im Fraumünster den Gottesdienst gestalten würde? Er als Altphilologe mit einem Text aus der Welt der griechisch-römischen Antike, ich als Theologe mit einem biblischen Text. Wir einigten uns bald auf das Motiv der Hilfsbereitschaft, auf das, was mit der Verantwortung für das Wohl der Mitmenschen oder eben mit «Nächstenliebe» umschrieben ist – dies im Zeichen jenes mutigen und menschenfreundlichen Bischofs aus Myra.

So begann damals eine kleine Tradition: die jährlich um den 6. Dezember herum gehaltenen Nikolaus-Doppelpredigten, eine Nikolausiade gewissermassen, gehalten von den Vornamensvettern Klaus und Niklaus, die nach dem Gottesdienst jeweils in der «Waag» mit einem Vortrag von Bartels ihre Fortsetzung fand. Die Kollekte und die Einnahmen im Zunfthaus gingen stets an die «Winterhilfe». Und so begann auch eine schöne Freundschaft, als deren Frucht wir hier gemeinsam jenen ersten Vortrag und die Jahr um Jahr hinzugekommenen acht Doppelpredigten in Buchform vorlegen.

Das Anliegen unserer Predigten in antik-biblischer Doppelbeleuchtung ist es, die Verbindungen und Unterschiede zwischen diesen beiden grossen Traditionsströmen aufzuzeigen, die in Leo Schestows Buchtitel «Athen und Jerusalem» prägnant bezeichnet sind. Dass es nicht um ein Vermischen oder Trennen geht, dass die Familienähnlichkeiten und Differenzen, unvermischt und ungetrennt, zu Gesichte kommen sollen, das zeigt der Untertitel an: «Antike und biblische Texte im Dialog». Mit der etwas hemdsärmeligen Bezugnahme auf eine christologische Formel soll nichts Falsches suggeriert, sondern ein Hinweis gegeben werden: Diese Predigten nehmen keinen direkten Bezug auf theologie- und geistesgeschichtliche Diskurse, welche von Synkretismus sprechen, oder fortschrittsgeschichtlich die Überwindung des griechisch-römischen Paganismus feiern, oder dann gegenläufig eine «akute Hellenisierung des Christentums» beklagen. Das ist nicht unser Interesse. Und es sind auch keine wissenschaftlichen Vorträge, sondern Kanzelreden oder Predigten, von einem christlichen Altphilologen und einem christlichen Theologen gehalten, in denen es um Vergegenwärtigung geht. Das heisst um den Versuch, Texte aus beiden Traditionen, welche in der Geistes- und Religionsgeschichte des Okzidents und weit darüber hinaus ihre Wirkung entfaltet haben, miteinander und nebeneinander – unvermischt und ungetrennt – zu verstehen und in ihrer Aktualität zu Gehör zu bringen. Dass es sich hierbei um wichtige Worte und Sinnräume handelt, die den «Weltinnenraum» (Rainer Maria Rilke) des Geistes und des Menschlichen wahrzunehmen und aufzuschliessen helfen, das ist unsere gemeinsame Überzeugung.

Ich danke Klaus Bartels für seine Anfrage, für seine Bereitschaft, mit mir zusammen auf die Fraumünster-Kanzel zu steigen, danke ihm für seine vielen Anregungen und für seine Freundschaft.

Zürich, im Juni 2017

Ö🍎ㄷ

Klaus Bartels

Ein Dankeswort

Die Philosophie, sagt ein geflügeltes Wort, sei die Magd der Theologie, und so erst recht die ihr verschwisterte Philologie. Alljährlich zum Nikolaustag ist es mir eine Freude und eine besondere Ehre gewesen, der Fraumünstergemeinde wegweisende Leitworte der Antike im Dialog mit entsprechenden biblischen Texten vorzustellen. Ich danke Niklaus Peter hier nochmals für die so vielfach erneuerte Gastfreundschaft auf der hohen Fraumünsterkanzel und für alle freundschaftliche Ermutigung, derer ein Philologe angesichts einer solchen Kanzel bedarf. Und jetzt freue ich mich über die Herausgabe dieser theologisch-philologischen «Nikolausiade» und sage auch dafür wieder herzlichen Dank!

Kilchberg am Zürichsee, im Juli 2017

Anna Büsching

Zu den Zeichnungen

Ungefähr in der Zeit als die erste Nikolaus-Doppel-Rede stattfand, haben auch Niklaus Peter und ich uns kennengelernt und unser erstes Buchprojekt in Angriff genommen. Seither war die Zusammenarbeit vielfältig, immer interessant und bunt-bereichernd (auch dank Vreni, der besseren Hälfte der Gemeinde).

Als Niklaus mich fragte, ob ich nicht jemanden wüsste, der Zeichnungen für ein kleines Büchlein anfertigen könnte, fiel mir spontan mein Bruder Sebastian ein – Geschwister- statt Vetternwirtschaft. Er arbeitet als Visueller Gestalter in Bremen und Berlin, hatte in seiner Ausbildung aber den Schwerpunkt auf Illustration gelegt. Auch wenn mittlerweile das Zeichnen eher zu seinem Steckenpferd geworden ist, hier gewinnt er Preise und Herzen (als kleine, immer-stolze Schwester darf man das so sagen!).

Es ist das erste Mal, dass wir so hochoffiziell zusammenarbeiten, er als Zeichner, ich als Layouterin. Ein guter Start, mit den fröhlichen Anregungen und dem konstruktiven Feedback von Niklaus Peter und Klaus Bartels. Wir sind dafür sehr dankbar und freuen uns über diese Chance. Auf dass das Steckenpferd ein veritables Pony werde!

Sennlich, im August 2017

Die Autoren

Prof. Dr. phil. **Klaus Bartels**, geb. 1936 in Hannover, lebt seit 1963 in Kilchberg am Zürichsee. Studium der Klassischen Philologie und der Philosophie in Tübingen, München und London, 1963 Dissertation zum Aristotelischen Naturbegriff, 1966/67 Junior Fellow des Center for Hellenic Studies, Harvard University, in Washington D.C. 1963–1972 Verlagstätigkeit bei Artemis und Heimeran, 1972–1998 Lehrtätigkeit an Zürcher Kantonsschulen. Klaus Bartels ist Autor jahrzehntelang laufender Rubriken zu Kultur und Sprache der Antike in der «Neuen Zürcher Zeitung» u.a. Für das Standardwerk «Veni vidi vici. Geflügelte Worte ...» (15. Auflage 2016) und seine zweisprachige Inschriftensammlung «Roms sprechende Steine. Inschriften aus zwei Jahrtausenden» (4. Auflage 2012) wurde er 2004 mit dem Jahrespreis der «Stiftung für Abendländische Ethik und Kultur» ausgezeichnet. Jüngste Buchpublikationen: Die Wortgeschichtensammlung «Die Sau im Porzellanladen» (2008), die Zitatensammlung «Jahrtausendworte – in die Gegenwart gesprochen» (2011) und ein «Lesebuch» zum «Veni vidi vici»: «Geflügelte Worte aus der Antike – woher sie kommen und was sie bedeuten» (2013, sämtlich bei Philipp von Zabern, Mainz/Darmstadt). Seit 2017 ist Klaus Bartels Ehrengast der Zentralbibliothek Zürich.

Dr. theol. **Niklaus Peter**, geb. 1956, Pfarrer am Fraumünster und Dekan des Pfarrkapitels Stadt Zürich, lebt seit 2004 in Zürich. Theologiestudium in Basel, Berlin und Princeton (NJ USA), danach Assistent und Dozent an der Theologischen Fakultät Basel, 1995 Universitätspfarrer und Studentenseelsorger in Bern, 2000 Direktor des Theologischen Verlages Zürich, seit 2004 Pfarrer am Zürcher Fraumünster. Er ist freier Mitarbeiter der NZZ und hat eine regelmässige Kolumne im «Magazin» des Tagesanzeigers. Wissenschaftliche Editionen der Werke Franz Overbecks, der «Reden» von Friedrich Schleiermacher, Herausgeber einer zweisprachigen Ausgabe der «Galgenlieder» Christian Morgensterns. Beiträge zu Karl Barth, Ernst Troeltsch, Johann Peter Hebel und Thomas Mann. Mit Marianne Vogel Kopp zusammen: «Den Glauben buchstabieren. Ein Lese- und Schaubuch für Gläubige, Ungläubige und Abergläubige» (TVZ 2014). Predigtbände zur Jakobsgeschichte und zum Glaubensbekenntnis, ein Bändchen mit Festtags-Leitartikeln in der NZZ (alle drei im Kämbel-Verlag), Mitglied des Stiftungsrates der Karl Barth-Stiftung und der Schweizerischen Reformationsstiftung.